BIBLIOTECA
DE LA LIBERTAD
FORMATO MENOR

SEAMOS LIBRES

JOSÉ BENEGAS

SEAMOS LIBRES

[Apuntes para volver a vivir en libertad]

Unión Editorial
2013

© 2013 José Benegas
© 2013 UNIÓN EDITORIAL, S.A.
c/ Martín Machío, 15 • 28002 Madrid
Tel.: 913 500 228 • Fax: 911 812 212
Correo: info@unioneditorial.net
www.unioneditorial.es

ISBN: 978-84-7209-598-4

Depósito legal: M. 42.099-2012

Compuesto e impreso por JPM Graphic, S.L.

Impreso en España • *Printed in Spain*

Es el miedo al hombre lo que lleva al hombre
a confiar ciegamente en el hombre
que tiene la espada en la mano

ÍNDICE

PRÓLOGO

por Carlos Sabino

A José Benegas hay que leerlo con atención: es uno de esos autores que de inmediato nos lleva a reflexionar, a detenernos en las cuestiones fundamentales que plantea. Es un autor que nos obliga a pensar, sobre todo a pensar. Porque de los variados temas que propone para la discusión, cruciales para el entendimiento de nuestro tiempo, siempre nos ofrece enfoques diferentes, originales, que van más allá de los convencionalismos y de los mitos aceptados.

En esta colección de ensayos y de artículos Benegas aborda problemas que suelen pasar desapercibidos para el gran público y que sin embargo subyacen a las discusiones cotidianas, al plano en que suelen moverse tanto el periodismo como la política. Cuando trata de la democracia, la igualdad o la pobreza, por ejemplo, José Benegas se niega a seguir las nociones que comúnmente se expresan y emprende una exploración que va hasta la raíz de los conceptos y las teorías, hasta el mismo fondo de las cuestiones en debate.

Pasan por estas páginas temas clásicos de la sociología y la filosofía social: la relación entre el individuo y la sociedad, los fundamentos de la moral, la noción de normalidad, la recurrente discusión sobre la igualdad. Sobre este último punto Benegas realiza una interesante comparación entre las ideas de Rawls y de Nozick, explorando desde todos los ángulos, y en profundidad, lo que en sí constituye una compleja red de problemas y de posiciones filosóficas.

José Benegas es, sin duda, un liberal clásico, un apasionado de la libertad, un defensor de los derechos del individuo, un hombre que piensa por sí mismo y no se detiene ante lo que otros toman como verdades que no necesitan discusión. De particular interés me han resultado tres de sus ensayos: el que trata de bucear en la mentalidad anticapitalista para encontrar las raíces no racionales de una actitud paradójica —que a veces desconcierta— y con el que se abre este interesante volumen; el que se ocupa de la incertidumbre, analizándola con verdadera profundidad filosófica, más allá del tratamiento usual que le da la economía; y las reflexiones que nos aporta sobre el estado contemporáneo, un supuesto proveedor de bienestar, sacralizado en las sociedades actuales y amenaza constante a la libertad humana. Lo que el autor nos plantea acerca del estado, de las funciones que ha asumido y de las cargas que representa, debiera ser tomado muy en cuenta en estos tiempos en que, desde Europa, nos llegan claras señales de advertencia.

Seamos Libres es —pues— un libro provocador, sincero, profundo en sus análisis y pleno de creatividad, que despertará sin lugar a dudas no pocas críticas, pero que hará reflexionar a sus lectores abriéndoles las puertas a nuevos senderos para su pensamiento.

INTRODUCCIÓN

Este libro es una colección de ensayos, artículos, cuentos y comentarios cortos acumulados en los últimos años. Varios de los ensayos que lo componen fueron finalistas del concurso Caminos de la Libertad del Grupo Azteca de México que primero los publicó en su colección anual. Otros fueron seleccionados de mi blog *No me parece* (www.josebenegas.com), también de artículos publicados en diarios y de editoriales realizadas en mi programa de radio. Todo el contenido apunta en una misma dirección, la argumentación ética, política, jurídica y económica a favor de la libertad individual y su relación con un contexto en el que esas ideas se encuentran desfavorecidas.

La primera parte agrupa los trabajos que tratan sobre el problema de la libertad y el individualismo frente a la culpa. El «capitalismo» tratado como un espectro que concentra nuestros pecados de querer actuar en beneficio propio alejándonos del grupo. El «mal egoísta» representado por el lucro y el afán puritano que intenta protegernos de él mediante la represión de nuestros instintos como antes ocurrió con el sexo.

Mientras la palabra individuo, y más aún «individualismo» son utilizadas con un matiz moralmente despectivo, es esa individualidad, la posibilidad de multiplicar las experiencias a través de las pruebas de ensayo y error y la fantástica oportunidad de aprender de las equivocaciones y aciertos ajenos de manera gratuita, los que constituye el meollo del desarrollo moral. Esos son los tópicos de los capítulos que siguen, desde el número IV en el que me refiero a la incertidumbre como un invento producto de la creación de la certidumbre y luego en el V que se refiere la individualización como fuente de ética. Le sigue el cuento La Tentación, sobre el mismo tema.

Entre los más grandes malos entendidos sobre las ideas de la libertad individual esta el que identifica a esta corriente con una tendencia conservadora y elitista defensora de unos ricos que, por obra y gracia del dogma socialista, tienen que necesariamente estar en contra y ser un problema para los pobres. El liberalismo sería entonces una doctrina de defensa de los pudientes, desentendida de la suerte de los carecientes. Defiende cosas como la propiedad privada, de modo que, dado nuestro ambiente de ideas predominantes, está en contra de los que no tienen propiedades. En ningún otro punto el liberalismo es menos comprendido. Me ocupo de la cuestión en el capítulo VI donde me refiero a las razones que tenemos para defender la propiedad ajena en función de nuestros propios intereses y qué es lo que el respeto por el derecho de los demás hace en beneficio de terceros y más cuanto más pobres son.

Producto del mismo mal entendido es el populismo tan arraigado en Latinoamérica que no solo no resuelve la pobreza sino que la utiliza como su materia prima.

En Justicia e Igualdad (capítulo VIII) me centro en la incompatibilidad de manejarse una sociedad en base al principio de respetar lo que es de cada uno y constituirse en repartidora igualitaria. El problema de la «igualdad de oportunidades» y la educación en el apartado que le sigue.

Si hablamos de justicia y de nuestra relación con el lucro, de la importancia del derecho de propiedad para los más pobres de la sociedad (problema que es relevante en la medida en que se cree que el de la propiedad es un problema de los ricos), también era necesario decir algo sobre la justificación de la propiedad. En La libertad y lo propio (capítulo X) que más que justificarse la propiedad, justificación y propiedad son la misma cosa, por eso la designo como primer motor inmóvil de la justicia.

Lo que conocemos como sociedad libre es producto de la evolución de las instituciones en parte de las sociedades humanas. No se novedad que el proyecto político liberal está atravesando por una gran crisis. Me refiero al sistema de poder limitado y la conceptualización del gobierno como una organización que monopoliza la fuerza en función de los derechos individuales. Así nuestra la tradición de pensamiento con la que me identifico hubiera querido que la organización política desmembrada en funciones diferentes y autocontrolada se convirtiera en guardiana de todo aquello contra lo que por su propia naturaleza atenta. Como si a un Frankenstein le cambiáramos un chip y con eso lo pudiéramos poner a cargo de una guardería. Los hechos mostraron un rumbo muy distinto.

Al inicio de ese proceso estaba claro que términos como democracia, república, representación política, tenían un sentido liberador de la persona humana del yugo del poder. Cuando se observan fenómenos como los de gobiernos que siendo electos terminan construyendo verdaderas dictaduras, el asombro para muchos llega tarde, porque antes que eso se quiso hacer funcionar instituciones liberales para economías mixtas donde el derecho de propiedad fue relajado y en las que se suplantó la igualdad ante la ley por el conflicto de clases y la utilización del Estado para repartir bienes. La mayoría de las personas que viven en estos sistemas incluso pensarán que una cosa no tiene nada que ver con la otra. Ese es el tema del capítulo XI y el que le sigue, una democracia que se ha quedado sin *demos*.

El liberalismo político fue hasta acá un nuevo relato sobre el origen y el destino del poder. Un cambio en el sentido y origen de la «legitimidad». Una constitución declarativa o no, en todo caso un orden normativo que incluye las libertades individuales como principio fundamental y que se encuentra por encima de la voluntad de los gobernantes. Estos últimos, inquilinos del poder, van y vienen mientras existe una estructura más permanente, legal y confiable llamada «Estado» abocado a un «bien común». Los gobiernos surgidos de elecciones lo administran y están sujetos a sus reglas y a ese orden jurídico superior. Su papel es de poca importancia. En ese manual, digamos, la función política se encuentra dividida. Hay un poder ejecutivo que lleva adelante la administración del Estado, un poder legislativo que aprueba los gastos con un ojo atento porque sus miembros representan a la gente, los «contribuyentes». Y por si algo falla, están también los jueces, eternos custodios de la Constitución y el derecho de propiedad. Si solo bastó que cambiaran las ideas predominantes para que esa misma estructura se convierta en enemiga de la libertad, es hora de admitir que ese sistema político en si no tiene las virtudes que se le atribuían.

Ya para Montesquieu la república descansaba en la virtud. Pero no cualquier virtud, no en conductas puras, sino en la virtud inherente al valor sobre el que descansa que es el de la libertad.

El plan así concebido como una propuesta opuesta a la doctrina del poder absoluto de los reyes tuvo sus grandes momentos. Funcionó bien mientras todos sus protagonistas compartían la doctrina general. Pero hoy no es mucho más que un conjunto de declaraciones anacrónicas que poco se parecen por si mismas al sistema político que alguna vez fue. Más allá de las declaraciones (capítulo XIII) y «El Imperio del Estado» (XX) tratan ese tema.

La lucha por la libertad no puede terminar nunca. Siempre habrá quienes quieran imponer su voluntad y someter a sus congéneres. La república liberal puede ser un hito pero de ninguna manera es el final de nada. Aceptarlo es importante porque nos coloca en la situación de pensar en nuevas barreras más que lamentarnos por los agujeros enormes que presentan las viejas. Sin pensar por eso que podemos llegar a resolver el problema de forma definitiva. Apenas nos alcanzarán las nuevas medidas hasta que los enemigos de la libertad o si se quiere la tendencia de quienes quieren imponerse sobre los demás, encuentren la forma de burlarlas. Entonces otras generaciones deberán hacer lo que nos toca a nosotros hacer ahora: pensar y después actuar, como esos prisioneros del campo de concentración de *La democracia sin demos*.

Asumamos que esta república alejada de su manual de instrucciones adquirió su propia doctrina estatista por el peso real de los incentivos que no pasan por los supuestos contrapesos que el sistema posee de modo sólo declarativo, sino por la realidad de un enorme presupuesto en base a recursos obtenidos por la fuerza y una gigantesca maquinaria que los reparte, junto con honores y prevendas, cuyo leitmotiv no es la libertad sino la supervivencia de la estructura misma.

Esos incentivos ya le ganaron al «sistema perfecto». En la Argentina un ministro de economía se lamentaba porque el mercado al que quería regular mostraba un comportamiento muy distinto al que esperaba con sus políticas dirigistas. Se hizo famoso por la frase que su estupor le hizo pronunciar: «les hablé con el corazón y me respondieron con el bolsillo». Tengo la impresión que cada vez que nos llenamos la boca con nuestros recuerdos a la república de poderes limitados cuyo fin es defender la libertad, les hablamos a todos con el corazón y nos responden con la política real y el bolsillo. Los socialistas esperan que un ministerio del bienestar social produzca bienestar social y a nosotros nos ha pasado que esperamos que una declaración de derechos nos asegure la libertad.

El trabajo ahora es desarmar al sistema, tornarlo más inofensivo. Es este momento de crisis justo la oportunidad para incorporar a la teoría política liberal toda la experiencia vivida desde el momento en el que el absolutismo monárquico colapsó, para enfrentar a un rival mucho más sofisticado y peligroso, construido por nuestra propia tradición de pensamiento por temor a su antecesor. Me refiero a la dictadura mágica del número mal llamada democracia. Es el momento de legitimar con fundamentos éticos, jurídicos y políticos la rebelión contra el monstruo que hemos lanzado al ruedo.

Si el Estado es el aparato legal que sostiene la defensa de los derechos individuales y se encuentra sometido a la ley orientado a la quimera del «bien común», si es esa organización permanente que incluso podría acabar con el gobierno si este se convirtiera en una amenaza contra el sistema, entonces es hora de darlo por muerto. Queda poco de semejante ilusión. La vida no es así, habría que decirle a los socialistas con sus ministerios de cada problema, y la política no es así, tendríamos que decirnos los liberales cuando esperamos todavía a esa caballería defensora de derechos que sería el estado.

Dice el dicho que escoba nueva barre bien. Por eso tal vez las repúblicas en su sentido estricto funcionaron muchas décadas y produjeron fenómenos de progreso prodigiosos como la humanidad no había conocido nunca antes. La defensa de los principios que le dan sentido son en todos lados la tarea de una ínfima minoría. La escoba ya barre lo que tenía que preservar. Como decía antes las sociedades que protegen la libertad individual son producto de la evolución de las instituciones y de la incorporación de la experiencia. Muchos siglos de arbitrariedades llevaron al establecimiento de principios en el derecho penal como la imposibilidad de que haya pena sin ley anterior al hecho que se castiga. Del mismo modo los nuevos principios a descubrir en materia política deben responder y abarcar a toda la experiencia de abusos realizados en nombre de la democracia, el bienestar general, el bien del pueblo, la soberanía nacional, la producción nacional, el equilibrio general, la seguridad nacional y otros fetiches.

Tengo la convicción de que durante dos siglos le hemos estado diciendo a los gobiernos que su función era proteger nuestra libertad y que al principio se lo creyeron. Ahora el problema es que quienes nos lo hemos creído somos nosotros.

El trabajo a futuro consiste en desmembrar un aparato gigante de compromisos con todas sus falacias acumuladas, más que en desgastarse en responder cada una sin ocuparse de la maraña de intereses que las producen. Ese desafío lo describo a mi modo en el trabajo final «El Imperio del Estado. Hacia un nuevo movimiento constitucional».

En gran medida el objetivo debería llevar al poder político a una escala más humana desde lo nacional a lo municipal en la línea de un federalismo extremo que reduzca el peso de la caja oficial sobre el sistema y que no permita una tan fácil mitificación del poder y de los poderosos. Incluso rescatar algunas ideas clásicas como la de la democracia directa y la selección de los gobernantes por sorteo de Montesquieu,[1] que desde un punto de vista declarativo[2] parecieran ser una amenaza para la libertad, en términos políticos reales, a la escala adecuada, podrían implicar lo contrario.

Subrayo la cuestión de la escala del sistema político, ahí creo que se encuentra uno de los secretos para que el poder político no se desmadre de sus controles, un estado nacional no encuentro la forma en que pueda mantenerse acotado.

Hans Herman Hoppe se ha permitido sostener incluso que la monarquía es un sistema más benevolente con la libertad de lo que lo es una república. De hecho la falta de límites del aparato político como un «nosotros» difícil que se hubiera dado con un rey.

Adelantando aquí lo que podría ser la conclusión de esta recopilación, diría que lo importante es imaginar caminos alternativos y realistas a la receta mágica del estado que recordamos

---

[1] Alberto Benegas Lynch (h) *Montesquieu, Hayek y el federalismo extremo* http://www.elcato.org/montesquieu-hayek-y-federalismo-extremo.

[2] Evito utilizar el término «teórico», porque ya se sabe que sólo pensamos con teorías, pero más que nada porque nos impediría advertir que lo que nos ocurre es que no tenemos teorías completas ni definitivas y de hecho la cuestión es que las que tenemos a mano y que «declaramos», no nos alcanzan para describir la complejidad del fenómeno político que intentamos manejar. No es un realismo contra los principios, una «real polik» amoral sino de una apertura sin condiciones a la realidad para descubrir que es lo que podemos hacer.

con nostalgia. De otro modo nos encontraremos luchando por ilusiones y perdiendo la lucha.

La propuesta es ser libres hoy (capítulo XIV), lo que quiere decir no esperar a alcanzar otra vez el objetivo del gobierno limitado para correr nuestras propias fronteras en lo que sea posible. Mucho menos quedarse expectante hasta que una «mayoría» o las masas quieran acompañar el proyecto. Allá ellos, en lo que se pueda seamos libres hoy. La libertad admite grados y también áreas de reserva, metas que amplían nuestro propio campo de acción aunque no hayamos logrado ideales políticos más ambiciosos. Esto no quiere decir proponer un conformismo, sólo es un alegato contra el disconformismo y el utopismo de sacrificar lo alcanzable en función de lo inalcanzable.

Pero ¿de qué libertad hablamos? Se han hecho tantas definiciones, muchas inclusive anti liberales. Prefiero ser muy específico y poco poético al respecto. Sin metáforas la libertad con la que sueño se define como que no nos roben y que no nos maten. Algo por lo que no se justifica esperar.

Esta obra pretende tan solo abrir otras ventanas, provocar la creatividad ensayando enfoques algo distintos para ver como corren por si solos. Sobre todo porque creo que el pensamiento avanza en colaboración y que los errores que no dudo que el libro contendrá, también son material indispensable para el progreso.

Mi agradecimiento especial a Alberto Benegas Lynch (h), Eduardo Stordeur (h) y Natalia Rodríguez Beluardi por sus sugerencias y correcciones y ya que estamos por su valiosísima amistad.

Capítulo I

LA EXPIACIÓN ANTICAPITALISTA*

Soplas ilusiones y te sigo
Simulas un plan y confío
Me dices que pregunte por el sentido
Que solo hace falta que lo escriba
Y creo entender que está perdido

Soplas cosas nuevas y me asombro
Muestras brillos, pinceladas
Pienso en tus objetivos
O habré creído sin ver, habré escuchado sin entender
Aunque entender sea lo mismo

Soplas, ahora veo, porque te lo pido

(«Ver» 14-9-11)

El escritor cubano Reinaldo Arenas se asombraba en su auto-biografía *Antes que anochezca* de la existencia en Estados Unidos y en otros países de un ambiente intelectual de simpatía hacia el comunismo castrista, en el que se minimizaban los relatos sobre sus crímenes así como las nefastas consecuencias del sistema in-humano que lo había llevado al exilio. Lo que él llamó *izquierda festiva y fascista* se expresaba en aquel profesor de la Universidad de Harvard que conoció en un banquete y que le había manifestado:

---

* Mención honorífica en el VI Concurso Caminos de la Libertad, México 2011.

«Yo de cierta forma comprendo que tú puedas haber sufrido en Cuba, pero yo soy un gran admirador de Fidel Castro y estoy muy satisfecho con lo que él hizo en Cuba». A lo que Arenas respondió: «Me parece muy bien que usted admire a Fidel Castro, pero en ese caso no puede seguir con ese plato de comida, porque ninguna de las personas que viven en Cuba, salvo la oficialidad cubana, puede comerse esta comida», tras lo cual tomó el plato del profesor y lo arrojó contra la pared.[1]

La investigación de Stéphane Courtois y de otros volcada en *El libro negro del comunismo* asigna a los Estados comunistas cien millones de muertos: 20 millones en la Unión Soviética, 65 millones en la República Popular China, un millón en Vietnam, dos millones en Corea del Norte, dos millones en Camboya, un millón en los regímenes comunistas de Europa oriental, 150.000 en Latinoamérica, 1,7 millones en África, 1,5 millones en Afganistán y unos 10.000 a causa de movimientos comunistas fuera del poder.[2]

El *glamour* del horror sobrevive a cualquier estadística; es independiente de los hechos, de las comprobaciones y las refutaciones. Puede alguien lograr un puesto en la universidad más prestigiosa del mundo, en el país que es símbolo del capitalismo, dejando de lado todo lo conocido sobre el comunismo, sin que eso tenga consecuencias sobre su carrera. Como un físico que pudiera ignorar las leyes y los avances de su ciencia y aún así conservar su prestigio, o incluso lograrlo y retenerlo como si éste de alguna manera dependiera de hacer alarde de esa conducta desajustada.

Aún hoy, a más de veinte años de caído el Muro de Berlín, hay alguna razón por la cual aquel sistema perverso está rodeado de impunidad en la consideración pública. Nada que tenga que ver

---

[1] Reinaldo Arenas, *Antes que anochezca*, Tusquets, p. 310.
[2] Stéphane Courtois, *et. al., El libro negro del comunismo*, Planeta, 1998, p. 18.

con su realidad, con los resultados de acuerdo con la información disponible para cualquiera sobre la opresión de la población, el control policial del pensamiento o la pauperización de la vida de la gente. Algo que no está en el seno de ese sistema perverso sino fuera de él entre sus observadores.

Lo que otros llaman *izquierda caviar* es un fenómeno bien conocido de detractores del capitalismo que, sin embargo, podrían ser mostrados como buenos ejemplos de su éxito, porque disfrutan de una vida que sólo es posible gracias a la colaboración entusiasta y llena de incentivos que es propia de esa forma de organización social basada en la libertad individual.

Pero, a la vez que es exitoso en el aspecto crematístico, al capitalismo se le disfruta en buena medida con vergüenza, la que a veces es racionalizada como una «ideología progresista» que elige mirar para otro lado y concentrarse en encontrar motivos por los que merecemos alguna forma de condena por el «mal capitalista» que «nos afecta».

Lo que es habitual es que veamos esto como una gran contradicción. Hipocresía y oportunismo de traficantes, decía Arenas. Pero ésta parece una no-explicación, apenas la aplicación de un rótulo descalificador en lo moral que no nos permite saber por qué ocurre semejante cosa.

La hipótesis que ofrezco en este trabajo es que el problema se encuentra mucho más allá de la inconsistencia *ideológica* o de la ética personal, en mecanismos más primitivos de protección frente a la culpa que genera el beneficio personal no compartido con la tribu, explicación que requiere correrse del prejuicio de que los comportamientos son estrictamente racionales. La idea es que la mentalidad anticapitalista, en muchos casos, tiene que ver con mecanismos psicológicos que compensan la no aceptación del lucro individual que la apertura de una sociedad compleja de redes de individuos requiere. Existe un problema moral, pero no en aquella «contradicción» sino mucho antes,

cuando la persona detesta sus propias inclinaciones a través de
su rechazo al capitalismo.

Mientras en la caverna el hombre sobrevivía actuando en función del grupo, en las sociedades complejas y abiertas la forma
de producción, y por tanto de retribución, ocurre en relaciones
cruzadas en las que las pertenencias quedan relegadas a los aspectos afectivos, salvo cuando interviene la política para alterar
esa realidad y actualizar el espíritu tribal. Este último elemento
también contribuye a alimentar el círculo del anticapitalismo como
forma de expiación.

Podríamos decir que el profesor de Harvard del que hablaba Arenas no defiende sus manjares, a pesar de su simpatía por
Castro, sino que expresa su simpatía por Castro para defender
y disfrutar de sus manjares. Incluso si esa vez el mecanismo falló
con el plato contra la pared, puede que haya necesitado utilizarlo
después más veces.

Frente a este desafío, la defensa de un sistema de vida basado
en la libertad requiere de una labor completamente diferente a la
de la simple explicación de las bondades de un sistema en comparación con los horrores del otro. Cuanto más se muestran los
beneficios del individualismo, más se contribuye a despertar el
sentimiento culposo que luego se expulsa fuera proyectándolo
en *ese mal materialista que separa al hombre de los sentimientos*. Se busca
cualquier cosa que no funcione para atribuirla al sistema. Para
denigrarlo se lo compara permanentemente con un paraíso en
el que no falta nada y todos somos felices. Si no estamos en ese
lugar es por «nuestro egoísmo». Asumir al socialismo como el
infierno que nos devolvió este error es más difícil que entender
un problema económico o político; está más relacionado con el
abandono de un falso edén «moral» que liberaría las culpas y
daría lugar a la superación del tribalismo.

La economía puede explicar cómo la búsqueda del propio
beneficio —llamémosla sin pudor «afán de lucro», que ya está

cargado de condena como parte de este problema– redunda en un producto social que mejora la situación de todos; cómo es que las personas, para progresar, deben necesariamente colaborar con otras. Se percibe desde un principio que se debe persuadir al grupo para que tolere los proyectos individuales. Cuando se quiere fundamentar moralmente al capitalismo de esta manera, por medio del «beneficio del conjunto», fuera del justificativo del beneficio personal, se invita a una suerte de transacción política en la que pueda dejar de lado el atraco colectivo por razones de negocios. En el argumento está implícito que la situación por defecto es la colectivización y que la individuación es la que necesita motivos convincentes. Con esa forma de pretender habilitar la libertad individual cada vez que se muestra el padecimiento de un individuo dentro del sistema, los mismos que ignoran el sufrimiento general en el socialismo, encontrarán que la causa de todo se encuentra en la ambición, el egoísmo y el capitalismo. Entonces también se le llamará «escuela económica» a un posicionamiento filosófico según el cual todo lo que «el capitalismo no soluciona» es producto de su mal y de la falta de ejercicio de la autoridad política, cuya mítica virtud es terminar con la incertidumbre protegiéndonos de nuestras ambiciones. Porque puestas las cosas de esta manera, el capitalismo cosificado es tratado como *causa* de todos los problemas que se puedan encontrar. Como si con la renuncia al uso de la fuerza tuviéramos que renunciar al paraíso, y por lo tanto hubiera que pasarle a la paz la factura de todas las dificultades.

Hace poco participé en una exhibición privada, con debate posterior, de la comedia de la década de los ochenta *Los dioses deben estar locos*, de Jamie Uys. El anfitrión planteó el primer interrogante antes de ponerla en pantalla: ¿es una película racista? La trama se desarrollaba en el desierto de Kalahari en África, pero no pude encontrar relación alguna con el racismo. En resumen, lo que vimos fue una parodia de la vida salvaje de una tribu feliz de bosquimanos que se encontraba aislada del mundo en un estado natural, en contraste con los códigos de la civilización bajo el cliché de que quienes nos rodeamos de comodidades en realidad nos vemos abrumados por ellas sin sentido. Aunque en mi interpretación, todo ello sin intenciones pontificadoras, apenas con un fin humorístico, utilizando una incomprensión entre los dos mundos a lo largo de toda la película, que el espectador podía apreciar pero los protagonistas no.

La tribu sin conflictos, dedicada a disfrutar de la vida sin estrés, recibe la llegada de un objeto desde el cielo, arrojado desaprensivamente por un piloto de un avión que pasa por el lugar. El objeto es interpretado como un regalo de los dioses. Algo milagroso que parecía servir para todo. Irrompible, transparente —aunque no era agua—, más duro que cualquier roca que hubieran conocido, mucho más eficiente para moler el grano que los morteros que acostumbraban a usar. Típico elemento cuya existencia sólo podía interpretarse como el fruto de un designio divino. Pero los espectadores podíamos reconocerlo con facilidad porque forma parte de nuestra cotidianeidad: se trataba de una simple botella de Coca-Cola.

El problema con los dioses era que exageraban la regla que dice que lo bueno, si breve, dos veces bueno, y sólo les habían regalado a nuestros amigos bosquimanos uno de esos objetos prodigiosos. Por eso su posesión no tardó mucho tiempo en provocar peleas dentro de la tribu. La aldea feliz de buenos salvajes de pronto se vio invadida por la envidia y la codicia. Los bosquimanos conocieron así la violencia, de la que hasta entonces, según elección del guionista, no habían tenido noticia. Dejaron de sonreír en su pequeño paraíso para dar lugar a lo peor del ser humano. Xi, el simpático patriarca, llegó a la conclusión de que el envío de los dioses traía más problemas que beneficios, así que intentó sin éxito devolvérselos, arrojando una y otra vez la botella al cielo de donde había venido, suponiendo que la deidad responsable del error estaría dispuesta a aceptar devoluciones. Pero no había caso: el cielo enviaba cada vez la botella a la tierra de vuelta. Fue así que emprendió un largo viaje al fin del mundo para arrojar el elemento de la discordia. En ese viaje tomó contacto con la civilización, a la que él interpreta a su modo, a la vez que él es interpretado al modo de sus ocasionales interlocutores, y así se desarrolla la trama.

Terminada la película nos reunimos todos en el patio para intercambiar impresiones sobre lo que acabábamos de ver. El dueño de la casa abrió el debate con su interrogante sobre la posibilidad de que el film escondiera alguna forma de racismo. Opiné que la palabra racismo sería desproporcionada para el tipo de obra que acabábamos de ver, que a lo sumo alguien podría pensar que hubiera una mirada prejuiciosa, tal vez ofensiva, hacia la tribu, pero en realidad el ridículo lo hacían todos los personajes por igual. Sin embargo, viéndola treinta años después, lo que se nota es que en la década de los ochenta el nivel de control social llamado «corrección política» era menor y que los productores ni se habían planteado el problema; de otro modo hubiera quedado un producto sin sabor a nada o tal vez ni se hubiera hecho. Lo que me llamó la atención fue que la condena al racismo estaba preparada para aparecer aun sin acciones en concreto que lo expresasen —al menos nadie las pudo describir—, sólo porque estaba presente una tribu africana. Como si se estuviera en búsqueda de deudas morales donde no las había.

El tópico se agotó muy rápido, y el anfitrión identificó otro como el planteo central. La botella de Coca-Cola representaba, nos dijo, la irrupción del capitalismo en la vida feliz de los pobres salvajes como una vía a la corrupción de las costumbres. La presencia repentina de un elemento discordante que representaba el *materialismo* había logrado trastocar por completo sus relaciones y el amor había cedido su lugar a la envidia, el odio y la violencia, que hasta entonces les eran por completo ajenos. Una persona

mayor que se identificó como profesor, y que todos escuchaban
como la autoridad que pondría marco general a la conversación,
agregó en una larga exposición que esos hombres viviendo casi
desnudos, y sin nada de lo que podríamos considerar comodidades de la vida moderna, eran el verdadero hombre, el esencial,
el mismo que después se arruinaba en contacto con las cosas
materiales y perdía la posición de niño frente a la vida, posición
que, como enseñaba San Agustín, era la característica de las almas
puras. La experiencia no ocurrió en la década de los ochenta; a
lo mejor la explicación hubiera parecido anacrónica entonces, y
ni hablar de los noventa. Fue en este inicio de la segunda década
del siglo XXI en una de las ciudades consideradas más cultas de
Latinoamérica.

La amiga que me invitó a la exhibición dudó de que los autores
hubieran tenido otro deseo que el de parodiar esa vida salvaje,
más que ensalzarla. Todos los demás estaban de acuerdo con el
profesor y con el director del debate. La conclusión más obvia
para ellos era que se trataba de una condena al capitalismo, que
lo había arruinado todo.

Otra mujer afirmó que los bosquimanos habían visto la botella como «el mal». Pero, agregué por mi parte, antes de que eso
sucediera la habían visto como el bien. Muy a mi pesar, porque
hasta entonces había decidido no intervenir ya que presentía
que el ritual de expiación había comenzado y el resultado suele
ser que el que denuncia la ceremonia se compra el papel del
malo. Ya había vivido situaciones parecidas demasiadas veces.
La mujer interrumpió su exposición y pidió que me explicara. Lo
hice diciendo que, antes de rechazar la botella y tomarla como
causante de conflictos, la tribu la había visto como una panacea.
Era obvio, salvo para mis compañeros de discusión y para los
bosquimanos, que una botella no es en sí ni el «mal» ni el «bien».
Tampoco semejante objeto es el capitalismo, ni el socialismo o
cualquier otro ismo. Por lo tanto todo lo que la tribu hubiera

puesto en ese objeto era algo que la propia tribu tenía, dejando de lado que todo era ficción y jugando con ella para encontrar una explicación a lo observado. La botella había actuado como un mero espejo de la ilusión y la desilusión depositada en ella. Pero no solamente por los bosquimanos, aunque esta parte me la reservé, sino también por nuestra propia tribu de comentaristas de cine. La agresión estaba en el grupo de la película antes de que la botella de Coca-Cola pudiera servirles como depósito. Antes de que le encontraran la última utilidad, que era la de chivo expiatorio para deshacerse con ella del mal por medio del rito del sacrificio.

La botella no tenía en sí misma carga moral alguna, pero sí quienes pretendían pensar sobre ella y su significado. Nada que esa botella significara para mis compañeros de debate, ese «mal capitalista», era propio de ella sino de ellos. Ni siquiera era propio de la compañía Coca-Cola, ni había el más mínimo motivo para sospechar que Xi y sus hermanos la relacionaran con alguna teoría de la dependencia internacional o cosa por el estilo. No lo dije porque entonces se hubieran querido deshacer de mí como de aquel objeto por sus propios «pecados capitalistas», no por los míos.

Sin embargo, el comentario consiguió deshacer el efecto mágico, el ritual anticapitalista se disolvió, y para mi asombro los anticapitalistas dejaron las lanzas y el UlaUla para hablar de cinematografía.

El episodio es apenas uno de tantos que se viven entre gente que disfruta de las bondades de la vida moderna, similar a la anécdota contada por Reinaldo Arenas. Personas que manejan automóviles, se comunican por teléfono celular, toman sus decisiones económicas realizando evaluaciones de costo-beneficio sin pensar en el bien de la humanidad y el universo, salvo cuando se juntan con otras personas a despotricar contra aquello que creen que está mal en ellos, pero depositándolo en otro

lado. Extranjeros y empresas multinacionales, mejor aún para
la expiación. Gente que no puede identificarse como *izquierda
caviar*, apenas *fastfood*; gente instruida pero no ideologizada,
cargada de una culpa a flor de piel que construye una mirada
tribal sobre una tribu desde una óptica pretendidamente más
evolucionada.

Parecía un experimento armado para reforzar los supuestos
de la corriente de la psicología evolucionista, que sostiene, como
aplicación de las ideas de Darwin, que nuestro cerebro está aún
conformado por módulos cuyas prioridades tienen que ver con
el éxito reproductivo en un entorno de cazadores-recolectores,
que es lo que el ser humano ha necesitado hacer la mayor parte
de su existencia.[3] Contexto en el cual los genes prevalecientes
han sido aquellos mejor adaptados a una realidad completamente diferente a la actual. Puede que nuestros antepasados hayan
logrado transmitir sus genes gracias a un espíritu tribal en el que
las diferencias debieran dejarse de lado. Lo planteaba Friedrich
Hayek en «El atavismo de la justicia social»,[4] especulando con la
posibilidad de que el sentimiento igualitarista tuviera origen en
la situación anacrónica de los cazadores en grupo, para quienes
la regla más consistente en el reparto de la producción común
era la de la igualdad.

Puede que hayamos llegado hasta aquí por la victoria de aquellos genes tribales y que los que se sintieran más en deuda con el
grupo fueran los sobrevivientes que lograron reproducirse; que
estemos pasando por un periodo de adaptación a una realidad
distinta frente a la cual se necesita nuestra atención sobre sentimientos que hoy resultan inútiles, que no tienen que ver con

---

[3] Para una explicación de la relación entre las conclusiones de la psicología
evolucionista y la economía, véase el artículo de David Friedman «Economía
y psicología evolutiva» http://www.indret.com/pdf/048_es.pdf
[4] www.hacer.org/pdf/rev36_hayek.pdf

nada esencial en nosotros sino sólo con circunstancias que ya no son las que nos rodean.[5]

Llamémosle capitalismo, liberalismo, individualismo; hablamos de una forma de relación social donde el uso de la fuerza, salvo para defenderse, y el fraude están excluidos. Esta es la explicación racional. A menudo nos planteamos el problema de la imposibilidad de lograr que mucha gente «entienda» que el capitalismo no es un grupo de seres mezquinos tratando de destruir a codazos a los demás y «sólo pensando en ellos».[6] No lo es más de lo que lo puede ser el socialismo, o los salvadores que con actos de autoridad son llamados a librarnos de aquellos individuos. Pero se olvida tener en cuenta que intervienen también mecanismos más básicos que el de la razón y que el proceso está dado de tal modo que la facultad de «entender» no se pondrá en juego, porque impera el pensamiento mágico inconsciente.

El dispositivo de la expiación, de depósito de la culpa, acompaña a las sociedades humanas desde las culturas más primitivas y también se encuentra reactualizado en la tradición judeo-cristiana, como señala Thomas Szasz, quien lo describe con todo detalle en un capítulo de su libro *La fabricación de la locura*[7] como la «expulsión del mal». En el rito judío más antiguo, el YomKippur, se elegían dos chivos como medios para la purificación. Uno era entregado a Yabeh como ofrenda, el otro era cargado con todas las culpas del pueblo y se lo abandonaba en el medio

---

[5] Para Ayn Rand, nuestra época podría ser la del eslabón perdido entre el mundo animal y el hombre realmente conceptual. Véase «El eslabón perdido». *Filosofía quién la necesita*, Grito Sagrado 2009, pp. 75-94.

[6] Aunque ese era nuestro contexto original. Guerra y competencia por medio de la fuerza. Incluso el lenguaje utilizado para describir el comercio, una actividad por definición pacífica y colaborativa, suele asimilarse a lo bélico, hablando de «conquista de mercados», como si nuestro dispositivo psicológico estuviera en contacto ficticio con tiempos remotos en lugar de estarlo con esa convivencia en paz.

[7] Thomas Szasz, *La fabricación de la locura*, Kairos, 1974, pp. 269-288.

del desierto, conduciéndolo allí entre insultos y pedradas para entregarlo al demonio Azazel como método de expiación. El segundo era llamado el *chivo expiatorio*. «El macho cabrío sobre el cual haya caído la suerte para Azazel, será presentado vivo delante del Eterno, para hacer expiación sobre él y enviarlo a Azazel, al desierto.» (Levítico 16: 10)

En el rito el macho cabrío carga simbólicamente las culpas de los otros. Pero, lejos de recibir agradecimiento por tan buen servicio, es objeto de desprecio, insultos y abandono en el desierto. La culpa se exporta de algún modo y, en lugar de la autoflagelación, el dispositivo encuentra un *puching bag* que asumirá, hagamos justicia, lo que no le corresponde. Se trata del mismo procedimiento de «purificación» que llevará en otras culturas a los sacrificios humanos, y que se repite en la dinámica grupal sin una expresa característica mística y sin necesidad de llegar a hechos violentos. Papel que parece estar tocándole al «capitalismo maléfico» y a sus defensores, que no creen en los poderes omnímodos de una nueva deidad llamada «Estado».

En el cristianismo nos encontramos con un tratamiento diferente a esa forma de reconducción de la culpa cuando Jesús sale en defensa de María Magdalena, apedreada por pecadores como ella, que no se animan a arrojar la primera piedra como se les propone, bajo la condición de estar libres de pecado ellos mismos. La responsabilidad entonces se presenta como individual, punto central en el que coincide con la tradición de pensamiento liberal. Todos pecamos una y otra vez, lo cual no nos libera de la culpa, pero sí nos obliga a aguantarnos la que nos corresponde sin expiarla a través de otros.

El caso más importante del cristianismo se encuentra en el propio sacrificio de la crucifixión, el cual ensalza la asunción de las culpas ajenas, colocando la cuestión en el lado inverso. El problema es que se trata de una exigencia que es mucho más difícil de cumplir, «cuánto más sufre la víctima propiciatoria y más vituperio toma sobre sí misma, más sentimiento de culpa engendra en aquellos que son testigos de su sufrimiento y más pesada es la labor que impone a aquellos que desean justificar su sacrificio».[8]

Esta forma de lidiar con las propias fallas es la misma que utilizó ese grupo de cinéfilos como el tipo de vínculo que se encuentra establecido entre la sociedad capitalista y el «objeto» capitalismo, o las personas que estando inmersas en esa forma de vivir la rechazan y quienes entendemos racionalmente que nada hay de malo en eso. Es una situación cotidiana en reuniones sociales, en paneles sobre ecología en los que se explica cómo el capitalismo ha hecho enojar a la Tierra, que ejerce su venganza a través de múltiples cataclismos, el último de ellos, el terrible terremoto en Japón en marzo de 2011. Para los noticieros pareciera que ya ni existieran los fenómenos meteorológicos, todas son expresiones de desagrado de la Pacha Mama por algo malo que el hombre ha realizado. Entre estas visiones y el hombre primitivo pensando que no llovía por enojo de los dioses no hay diferencia alguna.

Pero nadie deja las comodidades por las que se supone que la deidad Tierra nos está castigando; todo lo contrario, ni siquiera dejan de tomar Coca-Cola. La búsqueda y el depósito del mal es la forma en que se puede continuar gozando de todos los beneficios y deshacerse de la culpa. En gran medida el «capitalismo» como un espectro, y los «capitalistas» como las víctimas propiciatorias en aquel mito, ocupan el lugar de chivos expiatorios del «capitalismo» —en términos de afán de lucro y búsqueda de la propia felicidad— que llevan sus críticos en el interior y viven como algo a execrar.

Esto incide de modo crucial en la encrucijada de un capitalismo que extiende el bienestar y pierde adeptos, de un núcleo moral del capitalismo que no triunfa entre sus beneficiarios, y

[8] Thomas Szasz, *Ibid*, p. 271.

en por qué no logra comunicar lo que para la población en realidad es observable por sus propios ojos, como estaba disponible para aquel profesor que irritó a Reinaldo Arenas conocer los horrores de Castro y sus secuaces. Es raro, sólo si lo vemos desde un punto de vista racional, que la misma población que lo rechaza en su explicitación disfruta del capitalismo en su propia conducta. Observación que se verifica en la gente en general y con los gurúes rituales en el ambiente académico.

Imaginemos al chivo tratando de convencer a sus flageladores de su falta de responsabilidad ¿Qué otro efecto podría tener que el de aumentar la intensidad del castigo para ahogar la nueva culpa con la misma metodología? Chocan dos paradigmas que no tienen comunicación posible. Por un lado, la explicación jurídica, económica, institucional y sociológica de aquello que llamamos capitalismo (dejar de matarnos y robarnos, dejar de llamar a un tercero para que lo haga por nosotros). Por el otro, el campo de la magia que cura la falta de haber abandonado el colectivismo ancestral, aunque como forma de comunicación de esta época lo mágico se disfrace de argumentaciones. Uno y otro campo no se desmienten ni contradicen porque expresan cuestiones de naturaleza diferente. Lo que está en contradicción, las argumentaciones, no dirime la cuestión en este caso.

También podemos pensar que hay alguna falla fundamental en aquellos que defienden la organización social libre, sus imperfecciones, su ineficacia para transmitir un pensamiento, a veces también la inconducta personal o la soberbia para abordar a los interlocutores, que en muchos casos puede ser cierta. Sin embargo, tengo serias dudas de que el problema sea éste; pienso en realidad que se trata de una consecuencia más del lugar que ocupa aquel que se atreve a reivindicar la productividad, la ambición llevada adelante por medios lícitos y la palabra «maléfica»: *lucro*. Ese es el lugar del soberbio, el que tiene graves fallas y defectos, aquel en quien no se puede confiar. Mismas fallas y defectos que, cuando se encuentran en cultores de la retórica anticapitalista, carecen de la misma carga moral y condena.

¿No son acaso los socialistas, los populistas, tanto o más soberbios, corruptos, abierta y descaradamente mentirosos en muchos casos desde sus posiciones de poder, exhibiendo un «buenismo» demagógico que a veces cuesta creer que pueda engañar a alguien? ¿Le han tocado a los liberales todos los soberbios, los tartamudos conceptuales? No parece verosímil. El rito de la auto-purificación para resolver la atribución del mal que hace el grupo podría no ser entonces una solución, sino una forma de aportar al proceso creando y ofreciendo chivos internos. Tiendo a creer que nada de esto se dirime ni en el campo de la argumentación ni en el de las características personales de quienes defienden una idea, como no son los pecados del chivo expiatorio —no porque no los tenga— los que lo colocan en el altar del sacrificio.

Por lo visto, lo que parecieran ser contradicciones de un anticapitalismo acomodado que reniega de lo que tiene, de lo que quiere y que vive una vida opuesta a sus principios declamados como axiomas, se comprende en lo psicológico si se ve como una forma de transferencia que, más que contradecir una convicción, la apuntala. Lo que en términos lógicos parecieran ser dos polos opuestos que pueden confundirse con una doble moral, en términos psicológicos aparece como una proyección. Si el deseo de comodidades capitalistas es vivido con culpa y esa culpa se niega, el proyectarla en otros es la consecuencia. El expiar las «impurezas» en víctimas propiciatorias es el proceso que asegura la integridad psicológica —no moral, como pretendemos quienes queremos manejarnos en ese plano— y posibilita permanecer en el mismo lugar. La hipocresía inquietaría; la proyección actúa como tranquilizante, al menos en lo inmediato. Por lo tanto, mostrar la hipocresía, desnudarla sin ir al fondo del asunto, podría no tener otro efecto que el de echar más leña al mismo fuego.

Laplanche y Pontalis, en su *Diccionario de psicoanálisis*, definen la proyección en psicología como la «operación por medio de la cual el sujeto expulsa de sí y localiza en el otro (persona o cosa) cualidades, sentimientos, deseos, incluso "objetos", que no reconoce o que rechaza en sí mismo. Se trata de una defensa de origen muy arcaico que se ve actuar particularmente en la paranoia, pero también en algunas formas de pensamiento "normales", como la superstición».[9]

La pregunta crucial que nos deja este problema es si se puede salir de ese juego. Para responderla habría que encontrar la manera de desmantelar el dispositivo. Dudo que aquella noche de la proyección de *Los reyes deben estar locos* haya cambiado algo en ese sentido. Porque la demonización de la Coca-Cola puede haber encontrado algún punto difícil de resolver, pero el origen de todo, que es la culpa frente a lo que se tiene y se quiere lograr, quedó intacta. Lo mismo que con el profesor de Harvard del principio. Ya habría otra oportunidad de asignarle a ese «mal en el hombre», englobado bajo el rótulo de capitalismo, el origen de todas las desgracias.

Se pueden correr los objetos que cumplen el papel expiatorio, pero cambiarán por otros mientras la culpa permanezca. Culpa por tener, culpa por ganar, culpa por sacar provecho del esfuerzo, culpa por obtener beneficios particulares en lugar de grupales, culpa por haber abandonado la tribu y proyectar la vida en formas de vinculación más complejas donde la dimensión central es la individual. Podríamos decir que a esos quienes pensábamos que había que confrontar con argumentos, en realidad hay que librarlos de una mochila falsa para que no la conviertan en una mochila real a cargar por sus congéneres. Después de eso sería posible argumentar, no antes.

---

[9] Laplanche, Jean & Pontalis, Jean-Bertrand. *Diccionario de psicoanálisis*, Paidós, 1996, p. 306.

La diferencia entre quienes apedreaban a María Magdalena y los que apedrean al capitalismo es que, aunque compartan el sentimiento y el modo de deshacerse de él, los segundos no tienen deuda alguna que pagar por sacar provecho a la vida; los primeros se harían cargo del tipo de faltas que todos cometemos.

La definición de Laplanche y Pontalis para el sentimiento de culpabilidad es «un estado afectivo consecutivo a un acto que el sujeto considera reprensible, pudiendo ser la razón que para ello se invoca más o menos adecuada (remordimientos del criminal o autorreproches de apariencia absurda), o *también un sentimiento difuso de indignidad personal sin relación con un acto preciso del que el sujeto pudiera acusarse*».[10] La relación de la tradición cultural hispánica con el lucro es suficiente disparador de culpabilidad frente a la prosperidad. Cuando los sistemas públicos de enseñanza glorifican a personajes históricos suelen destacar, muchas veces de manera falsa, virtudes como el «desprendimiento» o el hecho de que hubieran muerto en la pobreza. La nobleza se coloca del lado opuesto a la obtención de «beneficios propios» y se la identifica con la preocupación permanente por los demás, el sacrificio por la patria.

Un escándalo surgió en la ciudad de Buenos Aires en la década de los noventa cuando un intendente autorizó el alquiler de parte del edificio de un colegio para instalar locales comerciales, lo que facilitaba recursos para arreglar las instalaciones para la tarea educativa. Fue visto por la opinión pública, gracias a los líderes de opinión, como una forma de mancillar la noble tarea de la educación con la «indigna» actividad del comercio. Enseñándole a los alumnos que algo malo hay en el intercambio de bienes y servicios y que tenían que evitar tener contacto con los «comerciantes», formaban futuros participantes en debates sobre cine.

---

[10] Laplanche y Portalis, *Ibid*, p. 397 (las cursivas son mías).

Esa culpa es una fuente inagotable de poder político. No sólo permite a los gobernados mantenerse autoflagelados, sino que los gobernantes se ven sin ningún tipo de límite a la hora de esquilmar a los productores. Después de todo, esos «otros males» son los mismos que están haciendo enfurecer a la «naturaleza».[11]

No sólo hay un «pueblo» castigando a los impíos elegidos, también hay sacerdotes de la expiación, con sus propias culpas y habitualmente enriqueciéndose a costa de los capitalistas. Son quienes invitan a la estigmatización, generan las teorías conspirativas del capital, las corporaciones y las multinacionales. Y también de los países que los defienden. Lo que llamamos «izquierda» es algo distinto a una forma de pensamiento socialista. Si se observan artículos en los diarios de personajes que responden a esa visión, es raro encontrar en realidad un contenido «ideológico». Lo que se ve con más frecuencia es identificación de males y de malos, consignas a seguir, dogmas y mucho enojo con «el mal» donde quiera que esté. Donde no lo hay, se lo crea.

Quienes discuten al liberalismo muchas veces niegan que siquiera exista como tal, lo identifican como «neoliberalismo» o sostienen que es una forma de «derecha fascista», cuando en verdad esta forma de clasificar arbitrariamente a otros y estigmatizar a la gente los asimila a ellos al fascismo. Esa izquierda, más que en una corriente de opinión, se ha convertido en una religión del estado. Una forma de pensamiento mágico que, cuando se retroalimenta, genera procesos autoritarios graves.

Cuando los Padres Fundadores en Estados Unidos quisieron separar la religión del Estado, pretendieron azuzar el peligro de juntar la cruz y la espada. La fuerza y el juicio moral fundamental. Todo el proceso fue para convertir el poder en una organización

---

[11] Pocas cosas son tan artificiales como la idea de «naturaleza», que es todo aquello que no es humano. Es como «lo otro», el resto de la creación que «no somos nosotros». Y nosotros al mismo nivel.

bajo la ley, no justificada por características, por méritos o por la mera fuerza de los gobernantes, sino como un instrumento servicial objetivo y mundano.

Con la perspectiva actual, sin embargo, nos encontramos con aquel poder mundano rodeado de superchería. Un «Estado», escrito con mayúscula, que ocupa el lugar del proveedor, muy distinto a su concepción original. Gobiernos que lo conducen cuya función, según el pensamiento político más extendido, es la de «repartir riqueza» sin que haya preocupación acerca del detalle de que alguien debe producirla. La multiplicación de los panes en pleno siglo XXI de parte de una institucionalidad política que se supone secular. Como si la espada hubiera virado hacia lo mágico y se hubiera vestido de blanco al punto en que ya no se le reconoce como espada, lo que nos coloca otra vez en el punto de inicio.

El «aparato servicial» en que se convirtió la organización política está presente en la vida privada, regula desde las relaciones de familia hasta la distribución de las ondas de televisión, el modo en que se transmiten los bienes, los medios de intercambio, el crédito y la educación. Se esfuerza porque esa educación no incluya religión alguna. Es decir, en lugar de separarse él mismo de la religión, separa a la población de cualquier tipo de espiritualidad que no sea la que el mismo aparato místico propaga bajo la forma de, por ejemplo, nacionalismo. Y cuanto más presente está, más se cree en él y menos se imaginan sus verdaderos súbditos que es posible que no sea el *default* general de todas sus iniciativas. Después de varias generaciones, la población no recuerda que alguna vez ninguna de esas materias tenía relación con la política y temen que siquiera se mencione que podrían no estar controladas por el estado. «El Estado proveerá» es el dogma ¿El lugar de quién ha ocupando?

Soy bastante escéptico sobre la posibilidad de que estos estados nacionales, con su tamaño y distancia respecto de sus representantes, puedan ser secularizados por completo. Esta escala política es campo propicio para la magia. Separar al estado de la religión podría ser un propósito bien originado pero mal expresado si, como sospecho, la mística rodea al poder en todo momento y enseguida aparecen sacerdotes haciéndose cargo de las misiones sagradas, con un consiguiente beneficio personal también negado. El verdadero problema a resolver es que no haya «grandes templos políticos» en los que las masas depositen sus esperanzas y los políticos los aprovechen con su demagogia y simulación paternalista para cargar a los individuos de culpas y arrancar una espiral que sólo lleva a la omnipotencia de la autoridad. Pero eso podría ser objeto de un análisis aparte. Humanizar las instituciones en unidades políticas más cercanas a la gente y a las que sea menos fácil asignar posibilidades extraordinarias y producir el culto a la personalidad de sus conductores.

Para el propósito de este trabajo, el estado es el aparato que actualiza la demonización del capitalismo, que sospecha de él mientras la población lo ve como un Santa Claus. Pero, sobre todo, como un castigador. Cuando llega la hora de tomar represalias contra las víctimas propiciatorias del lucro, la política es la justiciera, como si en ella no hubiera aspiraciones personales, sobre todo desmedidas. Y almas pequeñas candidatas a jugar a una épica que pagan otros surgen como hongos.

Hay culpa. Hay sacerdotes. Se separó la religión explícita, pero el estado no es una organización racional a pesar de eso. «Quienes no pueden ser santos y son incapaces de superar esta aterradora visión, se sienten frecuentemente compelidos −en parte por una especie de defensa psicológica− a identificarse con el agresor. Si el hombre no puede ser bueno cargando sobre sus hombros la culpa de los demás, por lo menos puede serlo condenándolos. A través de la atribución del mal a Otro, el perseguidor se identifica a sí mismo como virtuoso», decía Szasz.[12]

---

[12] Thomas Szasz, *Ibid*, p. 272.

Si eso que, con el afán de encontrar una palabra, llamamos *izquierda* hizo de la culpa por el lucro su eje y el secreto de su crecimiento, creando el dilema de elegir entre ser impuro o ser agresor y puro gratis, gozando de todos los beneficios del «pecado», la pregunta que cabría hacerse para imaginar una salida al juego que proponen es: ¿se justifica la culpa por el afán de lucro? ¿Una persona debe sentirse mal de manera automática por el sufrimiento de otras que no hubiera ella misma causado? ¿Nacemos en deuda con la sociedad, el estado, la patria, la humanidad?

Sé que la idea de resolver el juego expiatorio por esta vía no deja de ser otro intento extra-paradigmático de resolución desde lo racional de un proceso no racional, pero en este caso pretendo identificar el núcleo ideológico del ritual para discutirlo, en vez de hablar de lo que ya se entiende. Si hay culpa, se la paga; si no la hay, se lo deja en claro; esa es la intención. La respuesta sería que el afán de lucro, que no es otra cosa que la búsqueda de objetivos individuales por motivos individuales con independencia del bienestar del grupo, es causa eficiente de la moral y no una transgresión a una deuda de la que no podemos liberarnos.

La postura más consistente a ese fin es el *egoísmo racional*, sostenido por Ayn Rand como una forma directa de defensa moral del capitalismo, no ya desde su producto social o grupal sino liberando al hombre como persona de los «fines colectivos», cuya mera existencia es muy dudosa. La declaración fundamental consiste en que ninguna persona puede ser el medio para los fines de otra. Que el principal propósito en la vida es la búsqueda de la propia satisfacción y que ese, y no el *bien común*, es el origen de la colaboración y la buena voluntad entre los hombres. Liberar al hombre de una supuesta deuda con el colectivo que no es tal.

Ayn Rand puso la piedra basal de una ética consistente con la sociedad compleja de fines abiertos, individuales, de colaboración y coordinación de esfuerzos sin cruzadas, sin sacrificios de unos por otros, en la que no haya expiación ni víctimas propiciatorias.

En la introducción a la colección de ensayos *La virtud del egoísmo* explica que «el título de este libro puede suscitar el tipo de pregunta que me formulan de vez en cuando: "¿Por qué utiliza la palabra egoísmo para describir virtudes de carácter, cuando es incompatible con el concepto que tienen de ella muchas personas para las cuales no significa las cosas que usted desea expresar?" A quienes me lo preguntan les contesto: "por la misma razón por la que usted le teme"». El temor es justamente el desafío a la falsa fuente de legitimación subyacente implícita en esa palabra: el colectivo. «No estoy deseando el bien de la humanidad» es la afirmación más sincera y a la vez más escandalosa que pueda hacer una persona, pero no en Moscú en el siglo XVII, sino en cualquier ciudad occidental en pleno siglo XXI.

Tan desafiante es que, a la vez que lleva a muchas personas a afirmar cosas como «Ayn Rand me cambió la vida», a otras les resulta inevitable intentar morigerar la provocación (al poder) acomodando un poco las palabras. Lo paradójico es que, si mi planteo es correcto, el efecto de sus argumentos no sería sólo el de una revelación racional que sirviera como una mejor explicación de por qué utilizamos reglas éticas que justifiquen esa frase sobre el cambio de vida, sino el de una liberación psicológica en un sentido más elemental.

El ser humano es una ruptura con el devenir meramente natural, el individuo humano también lo es. Desde la teoría de la evolución diríamos con distintas variantes que descendemos de los monos, pero en realidad lo hacemos de uno solo de ellos que se diferenció del resto.[13] La ruptura no es enfrentamiento entre individuos, es individualidad, y la tolerancia a la individualidad es el secreto de la colaboración y la vida civilizada, no su aho-

---

[13] La mayoría de los estudios de biología evolucionista, señala Friedman en el artículo citado, indica que en la historia reproductiva los rasgos que benefician al grupo o a la especie, a costa del individuo que los lleva en sus genes, no serán seleccionados.

gamiento o disolución forzada. La colectivización forzada es, en realidad, el fin de la colaboración y su reemplazo por la disciplina.

Por eso, cuando nos preguntamos una y otra vez cómo transmitir la bendición que significa vivir en una sociedad abierta, la respuesta está más cerca del objetivo que del medio o de las formas utilizadas. No es un producto social el justificativo de nuestra existencia libre sino nuestra afirmación personal ante el milagro de la vida. Señala Nathaniel Branden, discípulo díscolo de Rand, que es la autoestima la base psicológica del afecto, y la sumisión al grupo es lo contrario a la autoestima.

El hombre produce en colaboración, pero esa colaboración es parcial, con redes de personas distintas para la obtención de distintos beneficios. Se vende a unos y se compra a otros, que no siempre son los mismos. Cada uno de los bienes que nos rodean están hechos en colaboración con infinidad de personas en una cadena de aportes de valor que es imposible siquiera de reconstruir históricamente. Pensemos desde el hilo con el que están hechos los cordones de nuestros zapatos hasta el elemento con el que se imprimieron los caracteres en el teclado que uso para escribir. Ni siquiera tenemos contacto personal con la gran mayoría de las personas —con las que tenemos intereses comunes pero parciales— con las que intercambiamos valores. Este proceso complejo, que describió Leonard Reed en su artículo «Yo lápiz»,[14] hace imposible que podamos establecer causalidad alguna entre el mal de unos y el bien de otros, mucho menos que podamos hablar de responsabilidad o culpa. En términos lógicos económicos se puede demostrar que, cuando las partes intercambian de modo libre en una transacción, ambas ganan en términos subjetivos, con lo cual no hay pesares que sean motivados por ganancias ajenas. Una cosa es aspirar a solucionar problemas

---

[14] http://independent.typepad.com/elindependent/2005/12/yo_el_apiz.html

de otros, para lo cual somos más falibles que para la solución de
los propios, y otra distinta es tener una deuda.

En la tribu o en ciertas situaciones extremas podría parecer
que lo colectivo se encuentra por encima del individuo y existen
incentivos para que el grupo cierre filas en función de metas comunes, en general contra las aspiraciones de otros grupos; no se
me ocurre qué cosa haya sido encarada como un trabajo de la
«humanidad». En definitiva, esa situación se mantiene mientras
a los propios individuos, dadas las circunstancias, les convenga
o se logre someterlos.

Una sociedad en la que unos reconocen a los otros como
personas con fines propios, no obligadas a actuar en función de
los primeros, y en la que éstos aceptan, también frente a su propia consciencia, que no están obligados a ser instrumentos de
objetivos ajenos, sólo es la mejor alternativa, no es que lleve a
ningún paraíso ni puede ser comparada con nada parecido a eso.
Al contrario, mientras sigamos imaginando paraísos en la tierra,
viviremos en deuda con ellos y despreciaremos lo que podemos
lograr en función de lo que no existe, que es el problema de las
utopías.

Sospecho que mis compañeros de debate cinematográfico no
tienen problema para entender que el celular de última generación
que llevaban en el bolsillo, el aire acondicionado del automóvil
en el que se desplazaron al lugar de nuestro encuentro aquella
noche calurosa de verano, los camiones con mercaderías que
vieron circular en su camino, el reproductor de DVD con el que
vimos la película, y todo lo que nos rodeaba, era producto de la
acción interesada de innumerables individuos que hacían todo
eso posible. No padecían de ningún impedimento neurológico
para comprender cuestiones económicas; probablemente valoren
la libertad, al menos entendida en términos generales, sin poner
del todo en crisis su núcleo moral. Pero es probable que nunca
hubieran escuchado una lección de economía que les mostrara

las maravillas que ocurren en el capitalismo y en la que se lo describiera como una forma de colaboración sin agresión. Para ellos es el mundo del lobo suelto en el gallinero, y es cuestión de encontrar al lobo y ahorcarlo un poquito, simbólicamente al menos —yo mismo hubiera podido hacer ese papel. Porque el problema es su propia relación culposa con el lucro, antes que el lucro ajeno, y la prioridad no era entender los secretos del proceso productivo sino quitarse de encima una deuda con el mundo que —¡buenas noticias!— no existe. Tampoco es problema para los fieles de la izquierda acomodada «entender» que la población sufre con la colectivización el colapso de la productividad y el empobrecimiento, porque su problema nunca ha sido hacer sentir mejor a las masas sino sentirse bien ellos mismos más allá de cualquier otra consideración.

> La mitad del daño que se hace en este mundo se debe a personas que quieren sentirse importantes.
>
> No es que intenten hacer daño —pero el daño que hacen tampoco les importa.
>
> O no lo ven o lo justifican. Porque se encuentran absortos en la interminable batalla de pensar bien de sí mismos.
>
> T.S. Elliot[15]

---

[15] T.S. Elliot, *The Cocktail Party*, p. 111, citado por Szasz, *Ibid*, p. 289.

Capítulo II

CASTIDAD LUCRATIVA

Carl Marx describió por primera vez a la sociedad de personas libres como «capitalismo» queriendo asociarla con las «bajas pasiones lucrativas». Gente que acumula bienes(¡qué horror!).

Ludwig von Mises toma el guante, la palabra le parece una buena descripción de un sistema en el que se ahorra e invierte, lo que tiene como resultado multiplicar la producción en beneficio de toda la población.

En el sistema que quieren sintentizar en una palabra Marx y Mises las personas no se agreden, ninguna está sometida a la voluntad de la otra y si alguien desea obtener colaboración siguiendo planes propios, debe pagar por eso, debe tentarla hasta que acepte (momento en la que habrá otra cosa pecaminosa llamada «precio»).

Esto quiere decir que esa acumulación de ahorro que da origen al capital ocurre sin violencia ni fraude. La gran novedad en la sociedad humana que se encontraba en lucha permanente o en una paz en la que unos se encontraban sometidos a los otros, es que alguien es capaz, a través de un proceso de colaboración, de acumular bienes sin ser saqueado y bajo el «permiso», también inédito, de hacerlo para su propio beneficio, aunque el resultado sea disfrutado por todos. La palabra capitalismo, más que al proceso económico implicado, describe por lo tanto uno de los aspectos morales más interesantes de ese sistema, aunque no abarque todo el fenómeno.

El problema es que Marx mira al capital bajo una óptica de castidad lucrativa. Como un Torquemada buscando individuos malos que tienen deseos, derivado en realidad de esa forma de represión de la individualidad por lo que tiene de individualidad. El pretendido científico y verdadero gurú moral no es más que un represor del afán de progreso individual.

Aquí viene el aspecto moral más interesante del capitalismo, que hace a esa palabra insuficiente aunque se trate de un buen comienzo. En el conocido capitalismo existe el permiso nunca antes visto del individuo de decir: actúo por mí. Y la tolerancia de los demás, millones de años de evolución de una mentalidad colectivista, de control tribal del grupo sobre las ambiciones, que iba desde el castigo organizado de los impulsos de la libido a la estigmatización de los deseos que no incluyeran a todos o a las deidades utilizadas o creadas para someter.

La ética de la libertad debiera en realidad recibir un bautismo que ya le es propio aunque no se usa tanto y que va al fondo del tabú al que enfrenta con su irrupción. Esa palabra sencilla es individualismo. Lo que todos quieren castigar y lograr al mismo tiempo de manera solapada como una masturbación en la soledad del convento de la «bondad solidaria».

El cura pedófilo y el marxista que viaja en primera clase, pertenecen al mismo caldo moral, nacido de la represión de lo que son y su explosión bajo la forma de perversión usada en contra de terceros. Son ambos flageladores de la individualidad en lo que tiene de individualidad. En sus impulsos primarios por la supervivencia que los colectivistas ven como la amenaza, o más bien la crean. Hay que convencer a la población de que sus pasiones son «bajas», que hay una altura alcanzable en la que no se piensa más en uno, porque también hay un paraíso donde esos impulsos habrán desaparecido y reconvertido en amor general a la población. Si hay un paraíso, sea en la Tierra comunista donde dejaremos de estar pensando en nuestras ganancias, tan feas, o más allá donde dejaremos de andar con los malos pensamientos de la carne. Así esa población estará en estado de deuda inevitable con la pureza y el lugar más importante entre nosotros lo ocuparán los purificadores.

Capítulo III

ANTICAPITALISMO ARGENTINO*

Ante los festejos de la caída del Muro de Berlín, nuestra región parece ser la única que pretende reeditar las condiciones que llevaron a aquellos gobiernos a levantarlos para impedir a la población huir del paraíso prometido devenido en infierno.

A la Asamblea de la Secretaría Interamericana de Prensa dedicada a advertir la intolerancia hacia la prensa, en particular en nuestro país con la Ley de Medios, se le opuso una «contracumbre» en nombre de la «democracia», invocada de manera falsa igual que lo hacían los regímenes totalitarios que colapsaron.

La Argentina se ha dado un baño tan intenso de anticapitalismo después de su colapso de finales del 2001, que pocos advierten que no hay prensa como contrapeso del poder si no se organiza como empresa, sumando organización, trabajo y capital para lograr una escala que la haga significativa.

No se invierte capital si son otros que quienes lo formaron y deciden su inversión los que determinan a qué se dedicará y qué riesgos ha de correr. Ese supuesto pecado –que muchos creen que sólo es propio de los empresarios– de «querer ganar» no es otra cosa que el «gran permiso» que la civilización moderna le ha aportado al desarrollo de la humanidad: el reconocimiento al individuo de la facultad de actuar para sí mismo, siguiendo sus objetivos y su liberación de la obligación de estar al servicio

* Publicado por el Diario *Perfil* 13.11.2009

de los demás. Lo opuesto al totalitarismo como principio, en el que la actividad humana se genera por coacción en nombre de un supuesto paraíso de hermandad e interés colectivo y no por colaboración y trabajo voluntario.

Una frase atribuida a Ambrose Bierce define al egoísta como «una persona que piensa más en sí misma que en mí», desnudando la naturaleza del propósito de muchos cruzados colectivistas. Se interpreta que «capital» es un asunto relacionado con la codicia, el «fruto del árbol prohibido». Se ignora, por deformación de los economistas que han transformado asuntos éticos en problemas menores de orden técnico, el compromiso moral que existe en una sociedad en la que el capital puede formarse. Es aquella en que se produce más allá de la subsistencia y es respetada la riqueza que se ahorra para ser aplicada a una producción masiva que termina por beneficiar a los que cumplieron ese compromiso moral.

Capitalismo es el sistema en el que el ahorro del que carece del poder político y no tiene manejo de ejércitos, es protegido.

Estos son nuestros muros no derribados, hechos de un material más duro que el concreto e invisible. Ante el primer problema, fue posible recrear entre nosotros otros vicios fracasados de aquel ideal caído como el control de precios, apenas discutido en el plano económico, como si se tratara de una lección imposible de aprender para la Argentina.

Qué pasa con el problema moral detrás de los precios es algo que nadie explica. En un ambiente de libertad, sin trabajo coactivo, el precio es la tasa a la cual alguien actúa a favor de otro o le entrega algo que ha obtenido a su vez de manera voluntaria de terceros, pagando a su vez otras tasas bajo las mismas condiciones de voluntariedad.

Precio es la alternativa al trabajo obligatorio; es decir, esclavo. Cuando el esclavo deja la plantación, su trabajo se paga, para que se mueva debe ser «interesado» por un aspirante a empleador. Precios altos significa que circunstancias especiales aumentan esa tasa para que las personas estén más dispuestas a hacer o producir alguna cosa muy requerida, dejando otras actividades que ofrecen beneficios menores. Hay precios porque la gente no puede ser obligada a hacer o dar algo que a su vez ha obtenido haciendo otra cosa sin ser esclavizada. Precios o esclavitud es la alternativa, no precios o «ineficiencia». Control de precios significa control del trabajo ajeno, servidumbre.

Quienes derribaron ese muro en 1989 trataban de huir de una sociedad sin precios y sin capital voluntario privado que habían sido eliminados por «egoístas».

En lugar de aferrarse a la promesa de la ausencia de diferencias, nunca cumplida, en lugar de relamerse en la envidia y tratar de hacer de eso una virtud, los alemanes orientales querían participar de la productividad de los intercambios sin látigos, el comercio libre y la felicidad individual sin tabúes. Buscaban otros compromisos éticos que nosotros, sin haber padecido aquello, aún no hemos encontrado.

Capítulo IV

EL INVENTO
DE LA INCERTIDUMBRE

Hemos inventado la palabra incertidumbre porque primero inventamos la certidumbre.

Definimos lo que existe, la falta de certeza de nuestras predicciones sobre el futuro, a partir de lo que no existe que es la supuesta seguridad de que lo que esperamos ocurrirá y lo que no esperamos no ocurrirá, como si se tratara de un defecto y no de la situación de partida. Este firulete nos complica la vida. Hacemos lo mismo con la imperfección, consideramos lo que nos falta como un defecto respecto de un paraíso en el que está todo dado. Después redactamos derechos a viviendas dignas, saludes, educaciones, vacaciones. Todo lo que se nos ocurra porque si no lo tenemos estamos ante una «imperfección» o una «falla del mercado». Y la perfección es el ajuste ¿a qué cosa? ¿a qué estándar?

Si no alcanzamos la perfección o la certidumbre algo está andando mal. El camino es remover los obstáculos. Como empezamos desconociendo la realidad los obstáculos los definimos como lo que se oponga a la perfección. Para todo esto hace falta un «relato», una explicación acerca de cómo fue que perdimos «el camino». Algo que nos señale quién fue el culpable. Nosotros no, los otros. Los que no siguen nuestra idea de perfección. Porque parece que encima hay muchas versiones al respecto, como si en realidad estuviéramos proyectando nuestras aspiraciones sobre ese paraíso, el problema es que entonces paraísos hay demasiados, habrá que competir por imponer el propio. Vendrá la violencia, las victorias, las derrotas, los empates.

Al final nos cansaremos. Acordaremos un paraíso consensuado con algunos, no con todos, porque hay varios paraísos que se parecen a nuestros infiernos. Impondremos un mínimo paradisíaco vital y móvil, con una autoridad que lo custodiará. Solo intervendrá para cuidar que no nos hagamos daño. Cada uno en la suya. Hemos aprendido, en parte. Porque seguimos pensando en la perfección, y todo lo que nos falta para lograrla.

Nuestra autoridad le queda chica al objetivo. Nos olvidamos del momento en que nos molíamos a palos, comparamos la situación lograda con la perfección, que como ya habíamos visto merece múltiples interpretaciones. Lo que no tenemos se debe a falta de ejercicio de la autoridad, lo decretamos. La autoridad está para eso, la maldad humana, falla del mercado por antonomasia, está obstaculizando el avance. La «ley» debe hacer lo que sea necesario con explotadores, comerciantes, intermediarios sobre todas las cosas, gente que persigue solo su interés, en lugar del nuestro. Los jefes empiezan a manifestarse en todas las situaciones. No, perdón. No son «los jefes», es la autoridad, una organización impersonal. Los jefes pueden tener defectos, la autoridad no.

No se resuelve ninguna cosa, porque claro nada era cuestión de falta de perfección, sino de falta de solución. A la solución había que encontrarla pensando, actuando, y muchas veces había que dejarla de lado porque el sacrificio a realizar en función de ella era demasiado. La autoridad no sabe nada de cosas como costos, para ella el asunto es que no hemos llegado a lo que queremos, es defecto, no falta de acción, no análisis de costo beneficio. Entonces interviene imponiendo «la solución» que le señalan los expertos oficiales. El costo que antes había sido descartado ahora es impuesto, lo que implica que «el remedio» es peor que la enfermedad. Parece no importar, porque nadie está mirando a la realidad, sino al sueño.

Y así cuanto más nos alejamos de las soluciones más inde-
fensos nos sentimos, más recurrimos a la autoridad y más nos
aferramos al paraíso. Lo añoramos más cuanto más percibimos
que vivimos en el infierno (que hemos construido). Y todo por inventar la incertidumbre y la imperfección. Empecemos de nuevo.

Capítulo V

LIBERTAD, INDIVIDUALIDAD Y PROGRESO MORAL*

Individuación como fortaleza

Ludwig Von Mises argumenta, en su obra *La acción humana,* a favor de la utilización del individualismo metodológico como vía para el estudio de la praxeología y para el más reducido campo de la cataláctica:

Ante todo, conviene advertir que la acción es obra siempre de seres individuales. Los entes colectivos operan, ineludiblemente, por mediación de uno o varios individuos, cuyas actuaciones atribúyense a la colectividad de modo mediato [...] Es el verdugo, no el Estado, el que materialmente ejecuta al criminal. Sólo el significado atribuido al acto transforma la acción del verdugo en acción estatal [...] Por lo tanto, el único camino que conduce al conocimiento de los entes colectivos parte del análisis de la actuación del individuo [...] Sólo gracias a las acciones de ciertos individuos resulta posible apreciar la existencia de naciones, Estados, iglesias y aun de la cooperación social bajo el signo de la división del trabajo.

---

* Mención honorífica III Concurso Caminos de la Libertad, México 2008.

Los entes colectivos no pueden ser vistos, enseña Mises. Sólo nos enteramos de ellos a través del sentido de los actos de determinados individuos. Tales entes son observados mediante una interpretación consensuada de los actos individuales.

Podría decirse que las entidades colectivas, en rigor, no actúan; solo se les atribuyen las acciones que determinadas personas llevan a cabo.

El hombre como individuo posee una capacidad racional que le permite actuar con independencia de otros hombres. Aunque esa facultad también sea en su evolución un producto de la interactuación, el individuo tiene la oportunidad de amoldarse a los cánones que se atribuyen al conjunto y también la de romperlos.

Además de servir como método para el estudio de las ciencias sociales, el aspecto más importante del individualismo racional, de la autonomía de cada sujeto, es que resulta un modo altamente eficaz de supervivencia y progreso pues multiplica las oportunidades de encontrar soluciones por medio del mecanismo de prueba y error.

Las posibilidades de supervivencia se potencian con el beneficio de esa capacidad de innovación dispersa en cada individuo. La adaptación del hombre al medio cuenta con la capacidad racional y las experiencias múltiples de cada uno de los sujetos que la componen.

El asunto básico de la relación entre el poder político y las personas no se encuentra en la solución de los problemas de estas, que alcanzan satisfacción mediante una red de relaciones de cada sujeto, ni mucho menos en su progreso ético o moral, sino en el mantenimiento de la autonomía individual. No es el aspecto social el que se encuentra en el primer plano de la justificación del gobierno, sino en la viabilidad de mantener planes personales de vida.

El límite al poder, la preservación de la libertad individual es la única cuestión de índole política verdaderamente seria y permanente. Un enjambre de abejas es, para algunos, un modelo de colaboración en aras del bien grupal.[1] Pero tal cosa está lejos de ser una opción útil para el ser humano.

El proyecto colectivo es muy inferior en oportunidades. Los regímenes políticos totalitarios han intentado hacer lo mismo que las abejas y subordinar a los individuos a un caprichoso fin general. En realidad ni las abejas ni siquiera hacen eso: no intentan construir unparaíso de manera consciente a través del designio de ciertos iluminados ni planifican el desarrollo y desenvolvimiento colectivo sino que siguen métodos instintivos adquiridos a través de un largo proceso de selección natural. La supervivencia de esa especie depende en gran medida de que esa herencia genética no sea desafiada por nuevas condiciones.

El hombre también está dotado de instintos, pero eso no le significa una gran ventaja. No tiene aptitudes físicas para sobrevivir en estado natural durante mucho tiempo, y las que tuvo las ha ido perdiendo.

Su modo de sobrevivir reside en su capacidad de adaptarse por medios racionales. El proceso de abstracción le permite elaborar nuevas opciones ante desafíos distintos. No tiene que esperar a que la naturaleza barra con los débiles, con aquellos cuya conducta automática ya no sirva para continuar viviendo. Piensa, observa y, si es necesario, puede cambiar.

Cuenta con la gran ventaja de que cada persona actúa de modo individual, con lo cual las pruebas, los ensayos de acierto y error se potencian. No siguen todos los hombres la misma suerte. La racionalidad es limitada en cada sujeto, pero el intercambio y la capacidad de cada individuo para transmitir conocimientos aumentan exponencialmente la utilidad de susexperiencias.

---

[1] Al menos en la idea común sobre las organizaciones sociales de ciertas especies, dado que tal vez no se trate de órdenes políticos sino de formas emergentes de organización también ocurridas a partir del mecanismo de prueba y error. Para una descripción de la cuestión *Sistemas Emergentes* Steven Johnson, Fondo de Cultura.

En tanto el hombre puede pensar, aprende de lo que le ocurre y también de lo que le ocurre a otros. La gran ventaja humana no sólo consiste en que «el hombre es un ser racional» sino, sobre todo, en que «cada hombre es un ser racional». Es capaz, por tanto, de quebrantar el curso «natural» de sus propios acontecimientos.

Esto no significa negar la idea de una naturaleza gregaria del hombre, tantas veces invocada para desalentar una visión liberal. Por el contrario: la contradicción entre lo individual y lo social en el hombre sólo existe si se piensa que éstas son características que se oponen y no, como son en realidad, las dos caras de una misma moneda.

El hombre no podría ser social sin ser individual a la vez. Lo social supone unidades que se interrelacionan aun en la visión más colectivista. El hombre socializa como individuo cuando no es sometido. A la vez se es individuo sólo en relación con congéneres. Si éstos no existen no hay individuo que pueda ser diferenciado del resto. No hablaríamosentonces de individuo sino de un ente único.

En contradicción con esto, la naturaleza social humana se esgrime como un obstáculo para los propósitos individuales. Se afirma que «el hombre es naturalmente social» para someter «artificialmente» a otros.

La sociabilidad humana se observa entre individuos libres. No hay nada que deba hacerse desde el punto de vista político para «hacer social» al hombre y obligarlo a seguir su naturaleza.

Lo que hay detrás de esta óptica es la intención de utilizar la naturaleza como aval moral o, en su caso, político. Se expresa un deber ser. Pero decir que el hombre «debe ser natural»quiere decir que «puede no ser natural», lo que significa un completo contrasentido. Si alguien debe ocuparse de que el hombre sea social, será porque no lo es «naturalmente». En consecuencia, «lo natural», utilizado de ese modo, no implicaría una característica insoslayable sino sencillamente una de las opciones que le ofrece la naturaleza.

El hombre es tan naturalmente social como antisocial e individual. Y es naturalmente social en la medida en que es libre. De otro modo será «artificialmente» social.

El hombre es naturalmente racional y naturalmente persigue su propia satisfacción. En consecuencia, realiza con mayor o menor acierto sus elecciones considerando el costo y el beneficio. Aceptará los cánones colectivos o se apartará de ellos con la misma «naturalidad» cuando le convenga.

Él forma, moldea, como individuo libre eso que consideramos «natural» y «social». Lo social no es algo que esté por encima de él sino algo que ocurre a partir de él. Salvo que se lo esclavice.

Cada individuo tiene la posibilidad de considerar reglas de conducta para su beneficio teniendo en cuenta el corto, el mediano y el largo plazo, porque también aprenderá que la satisfacción inmediata puede ser más cara de lo que en realidad parece.

Podrá transmitir sus códigos a otros, que a su vez podrán usarlos o revisarlos. Por ese motivo las sociedades abiertas, sin control disciplinario político (al que se denominará falsamente «moral»), producen mayores avances éticos y no sólo progreso económico.

Tengo en cuenta para afirmar esto el sentido de ética «egoísta»[2] definido por Ayn Rand: «Es un código de valores para guiar las elecciones y acciones del ser humano, aquellas que determinan el

---

[2] El término egoísta se encuentra entre comillas por la diferencia entre esta palabra en el idioma original de la obra de Ayn Rand, el inglés, y su equivalente en castellano, que lleva implícito un sentido descalificante. El vocablo inglés denota la preocupación primaria por los propios intereses, beneficios y bienestar. En castellano la definición está dotada de descalificaciones como «inmoderado», «excesivo», «desmedido», así como por el agregado de implicar una no preocupación por los demás. No hay en este idioma, según parece, una forma ajustada de preocuparse por uno mismo. Así, dice el diccionario de la Real Academia Española que egoísmo significa: «Inmoderado y excesivo amor a sí mismo, que hace atender desmedidamente al propio interés, sin cuidarse del de los demás.»

propósito y el curso de su vida. La ética, como ciencia, se ocupa de descubrir y definir tal código.»[3]

Ese proceso de descubrimiento de reglas morales o códigos de conducta, que Ayn Rand entiende como objetivas, ocurre con mayor amplitud cuanto mayor sea el grado de independencia individual.

En la parábola del hijo pródigo, para asombro de muchos, se puede apreciar una perspectiva moral cercana a lo que estoy diciendo. Se la califica muchas veces de injusta y anti liberal en términos de una ética de premios y castigos.

Desde mi punto de vista esto no es así. En realidad, esta parábola no contiene una moraleja de tipo político o jurídico acerca de cómo incentivar la «buena conducta» sino que va más allá para dejar una enseñanza acerca del proceso individual de aprendizaje ético. No tiene que ver tampoco con resultados económicos objetivos, como los de la parábola de los talentos, sino con ganancias en un sentido subjetivo y con el desafío de seguir las propias valoraciones aprendiendo de la experiencia.

La parábola trata sobre un hombreque tenía dos hijos. El menor de ellos le pide un día que le adelante la herencia y se marcha a vivir una vida de libertino. Cuando pierde el dinero tiempo después, llega a pasar hambre. Decide volver a la hacienda del padre a ofrecerse como jornalero. Al presentarse ante el padre acepta haberse equivocado y expresa su arrepentimiento diciendo que había obrado contra el cielo y que sentía haber perdido el derecho a ser considerado como hijo. Ante esto, el padre lo recibe con los brazos abiertos, ordena a sus siervos vestirlo con los mejores atuendos y organiza un banquete para festejar su vuelta.

El hijo mayor, que se había quedado en la hacienda, al volver y ver el modo en que era recibido el pródigo, se queja ante el

---

[3] Ayn Rand, *La virtud del egoísmo*, cap. 1. «La ética objetivista», p. 20, Grito Sagrado, 2006.

padre porque a pesar de haberle obedecido y no causarle problemas nunca se había realizado un festejo así en su honor ni se lo había premiado por su comportamiento «correcto». El padre le responde que la recuperación del hijo ameritaba su felicidad.

La alegoría está lejos de llevar implícita una defensa de la irresponsabilidad y el despilfarro. Por el contrario, el hijo pródigo descubre que esto es un error, y cambia su conducta ante el fracaso de sus elecciones. Para que eso ocurra se anima a seguir sus deseos y con los golpes aprende que la satisfacción inmediata de los impulsos es un arma de doble filo.

Ese valor ahora le es propio. No lo asumió como algo dado por el código de valores que recibió del padre porque si. Vio los resultados y ajustó sus creencias. Olvidemos que ya sabemos que el despilfarro es una mala opción porque entonces juzgamos al hijo pródigo desde el inicio de la alegoría. De hecho, lo sabemos nosotros de entrada porque otros lo han practicado y hemos conocido de manera gratuita sus consecuencias.

El hijo mayor, en cambio, adopta una actitud obediente. Interpreta el banquete a favor de su hermano como un premio que en realidad le correspondería a él. Es decir, no permaneció en la hacienda en cumplimiento de sus propias convicciones sino sólo como un tributo al padre sin encontrar en eso una ventaja propia.[4] Por eso no puede compartir su alegría ni es capaz de ver en la experiencia del hermano menor una confirmación de que él había hecho lo correcto.

También por eso entiende que debe ser premiado como retribución a su sometimiento y no encuentra en su propia conducta un beneficio personal, el premio que estaba esperando. Es, al final, el más pródigo de los hermanos.

---

[4] Característica de la ética altruista que Ayn Rand describe: se trata de un juego de normas que no aporta nada al sujeto, es mero sacrifi cio y tributo a otro o a todos los otros.

El padre no interfiere en las elecciones de sus hijos y, en lugar de pensar en premios o castigos por adaptarse a los cánones establecidos, se limita a vivir su alegría festejando la vuelta del hijo.

Es decir, la parábola en cuestión tiene un contenido liberal en el sentido ético más profundo. La ética es vista como una selección de valores y no como una adaptativa sumisión a lo establecido, que detiene el progreso moral, social y económico.

Si lo pensamos desde el punto de vista de la parábola de los talentos el hijo mayor entierra sus talentos éticos para conservarlos. El menor los arriesga y gana valores a través de su búsqueda individual.

El padre festeja lo que obtiene: la vuelta de su hijo menor después de haberle reconocido su derecho a alejarse.

El hijo mayor sería del tipo de personas que piensan en elegir por los demás. Se vería tentado a imponer a otros el modo en que deben vivir, sobreestimando su propia capacidad de juicio por encima de la oferta de experiencias en el «mercado moral». No sigue un proyecto de convicciones sino que se disciplina ante los deseos de la autoridad. Eso queda de manifiesto cuando espera una recompensa, un pago por el «costo» asumido.

Para quienes han estigmatizado el lucro, es difícil de entender que el liberalismo no sea una filosofía que tenga como fin la acumulación de bienes y servicios, salvo en un sentido subjetivo. La satisfacción de algunas personas puede residir en vivir austeramente en un rancho sobre la playa. La de otros empieza por aumentar su confort. Otros tal vez prefierensaltar por encima de los bordes de los códigos sociales en búsqueda de opciones diferentes. Estas personas al acertar producen progreso, del mismo modo que el inventor de alguna cosa concreta que aumente el bienestar humano. Unos ganan, otros pierden. Ganan y pierden en relación a valores determinados que también están en discusión. Todos aprenden.

Esto ocurre en la medida en que prime en las sociedades, y en lasinstituciones políticas en particular, el respeto por la libertad individual.

Quienes eligen operar al margen de lo establecido, o por encima de loestablecido, deben muchas veces sobreponerse a la censura de sus congéneres.

Ayn Rand lo describe así en boca de su personaje Howard Roark:

«Hace miles de años el hombre descubrió la forma de encender el fuego. Probablemente se quemó, al exponerse a enseñar a sus hermanos la manera de hacerlo. Se le consideró una persona perversa que había tenido tratos con el demonio para aterrorizar a la humanidad. Pero, desde entonces, los hombres han encendido el fuego para calentarse, para cocer sus alimentos, para iluminar sus cuevas. Les había dado un don que ellos no habían concebido y había alejado la oscuridad de la tierra. Siglos más tarde un primer hombre inventó la rueda. Probablemente sería martirizado en el aparato que había enseñado a construir a sus hermanos.

Se le consideró un transgresor que se había aventurado en territorio prohibido. Pero desde entonces los hombres pueden viajar recorriendo todos los horizontes. Les dejó un don que ellos no habían concebido y abrió los caminos de la tierra. Ese hombre, rebelde e iniciador, está en el primer capítulo de cada leyenda quela humanidad ha realizado desde sus principios. Prometeo fue encadenado a una roca y allí devorado por los buitres, porque había robado el fuego de los dioses. Adán fue condenado al sufrimiento porque comió el fruto del árbol de la ciencia. Cualquiera que sea la leyenda, donde quiera que estén las sombras de su memoria,la humanidad ha sabido que su gloria ha comenzado con uno de esos hombres y que éste pagó muy cara su valentía».[5]

---

[5] Ayn Rand, *El manantial*, Círculo de Lectores, 1970, p. 805.

No sólo el hombre que descubrió el fuego, el que inventó la rueda o, en el terreno de la fábula, Prometeo y Adán sufrieron la condena del grupo. No podemos olvidarnos tampoco de los que no lograron mostrar sus aciertos por no sobrevivir al desafío a lo establecido sin siquiera ser reivindicados por la posteridad.

Como aquellos héroes randianos, muchos otros padecieron la tendencia del grupo a ahogar la individualidad que produce el progreso de la humanidad, sin producir frutos, sin lograr siquiera ser leyenda.

Y también padecieron quienes se equivocaron. Innovaron y les fue mal. Quienes les advirtieron que estaban equivocados demostraron tener razón. Sin embargo, hicieron su aporte al conocimiento humano y su mérito consiste en haber arriesgado, en haber intentado hacer algo con sus dones para incrementarlos.

También deberíamos acordarnos de ellos como protagonistas de la aventura de la vida.

El individuo libre tiende al progreso moral. Es más productivo y, en un proceso de colaboración, potencia sus acciones en coordinación con otros. Sea que produzca alimentos o códigos éticos, que no son otra cosa que capital.

Los grupos tienden al control. En grupo las personas son espíritus más débiles, menos preparadas y menos aptas encuentran una forma de expresión política. El individuo actúa moralmente, el grupo lo hace políticamente cuando ahoga la individualidad.

Distintos estudios de psicología social confirman el problema.

Stanley Milgram, catedrático de la Universidad de Yale, llevó a cabo un experimento entre 1961 y 1962 —publicado en 1963 en la revista *Journal of Abnormal and Social Psychology*—, titulado «Behavioral Study of Obedience», que luego volcó en el libro *Obedience to Authority* y en un documental llamado *Obediencia*.

Más allá de los aspectos morales o filosóficos, Milgram se propuso determinar hasta qué punto individuos elegidos al azar estarían dispuestos a infligir dolor a otros sólo porque se los exige una autoridad. Lo que reveló el estudio es que la autoridad actúa como un adormecedor de la conciencia ética. Gran parte de los sujetos estudiados estuvo dispuesto a infligir tormentos a otras personas aun a pesar de sus gritos de dolor.

Aquellos que fueron convocados para su realización pensaban que participarían en una investigación para determinar si el castigo tenía efectos positivos sobre el aprendizaje, pero en realidad eran ellos el objeto de la observación, porque lo que se quería ver era qué pasaba con la autoridad puesta por encima de la consciencia.

Los participantes serían responsables de aplicar supuestas descargas eléctricas a otras personas (actores contratados para simular el padecimiento) cuando contestaran mal las preguntas de ejercicios de memoria que se les iban a hacer. La intensidad de las descargas aumentaría a medida que las respuestas erróneas se acumularan. Las supuestas víctimas eran cómplices del experimento y reaccionaban con quejas y gritos cada vez que se les aplicaba una descarga. Cuando las personas estudiadas dudaban si seguir adelante con el castigo el director del experimento las impulsaba a continuar con frases como «siga adelante», «nosotros esperamos que usted lo haga».

Los resultados del estudio descubrieron que un muy bajo porcentaje de los participantes se negó a continuar, aun cuando todos en algún punto del estudio titubearon. El 65% de ellos llegó a aplicar el máximo de 450 voltios. De los que se negaron a continuar, ninguno lo hizo antes de haber llegado a aplicar a la supuesta víctima menos de 300 voltios.

Este experimento nos da un buen argumento para sostener que en la individualidad y en la independencia se encuentra el progreso moral, y para demostrar por qué los regímenes totalitarios llegan a producir atrocidades como las que conocimos en el siglo XX. El contexto es siempre la pérdida de la individualidad a favor de un proyecto colectivo.

Otro estudio similar fue el de Salomon Asch. En este caso se trataba de establecer el grado de conformidad con un grupo al que puede llegar un individuo.

Los participantes del experimento serían parte, se les dijo, de un examen de visión. Se los reunió en un recinto y se les mostró una serie de líneas de distinta longitud. Las personas debían decir cuáles de ellas tenían el mismolargo que la que se utilizaría como parámetro. La mayoría de los presentes eran cómplices de Asch. En determinados casos, y deliberadamente, respondían de manera evidentemente equivocada. Los estudiados estuvieron en un 33% dispuestos a adaptarse a lo que decía la mayoría. En cambio cuando les tocaba pronunciarse sin que los cómplices falsearan la respuesta, eran fieles a lo que veían.

En igual sentido se encuentra el ensayo de Noelle Neumann, *La espiral de silencio*,[6] que destaca el rol que juega el temor al aislamiento, que lleva a las personas a opinar como la mayoría.

Desde otro ángulo, el psiquiatra Thomas Szasz, miembro de la corriente conocida como «antipsiquiatría», describe a lo largo de su obra el mecanismo primitivo de los grupos que, al querer alcanzar un ideal de pureza, execran a los impuros, previa atribución del mal a ellos.

«El rito es el producto de la represión moral. La finalidad del análisis del rito consisteen re-crear el problema moral «solucionado» por él [...] Al igual que sucede con los individuos, los grupos prefieren analizar y cambiar a los otros que a sí mismos. Es más fácil para su propia estimación y al mismo tiempo supone menos problemas».[7]

---

[6] http://www.infoamerica.org/documentos_pdf/noelle_neumann.pdf

[7] Thomas Szasz, *La fabricación de la locura,* Kairos 1974, p. 278. En la nota a este párrafo dice Szasz: «Estoy convencido de que un autointerés inteligente, un autodominio consciente y una identificación comprensiva con los otros engendrarían menos inclinación al odio que las enseñanzas religiosas tradicionales basadas en la promesa de redención a través del sacrificio de víctimas propiciatorias.»

Szasz subraya la racionalización de la agresión del grupo hacia el individuo bajo un manto moral explicando su proceso psicológico. En la mecánica de los sacrificios humanos de los pueblos primitivos, la extirpación de los ofrendados purifica, pues se deposita en la víctima propiciatoria los pecados del conjunto. Ese manto moral, explica Szasz, se disfrazará luegode medicina en «el mundo racional». Entonces los distintos serán tratados como «enfermos mentales»:

«El inconformista, el objetor y —en resumen— todo aquel que negaba o rehusaba los valores dominantes de la sociedad, continuaba siendo el enemigo de dicha sociedad. El ordenamiento adecuado de esta nueva sociedad ya no se concebía en términos de Gracia Divina, sino en términos de Salud Pública. De esta manera, a los enemigos internos se los etiquetaba como locos; y, como la Inquisición anteriormente, apareció la Institución Psiquiátrica para proteger a la sociedad de esta amenaza.[8]

Para Szasz no existe la enfermedad mental. Se trata, en realidad, de un estigma con el que se carga a esos seres distintos, aquellos que al no adecuarse deben ser eliminados, si no físicamente, sí en el entramado de relaciones sociales.

Lo que llamamos «locura», más que una patología del individuo, es el resultado del padecimiento de alguna estigmatización grupal. Un rechazo convertido en «problema objetivo» del «loco».

Otra de las formas de preparar víctimas propiciatorias es la construcción de ideales de «pureza». El puritanismo, sea que se lo disfrace de medicina o de religión y aun de moral, es un estándar artificioso que algunos, muchos o la mayoría no lograrán alcanzar, provocando por sí mismo el juego que describe Szasz.

Permitirá a unos olvidarse de la autosuperación para encontrar en los otros, «los malos», una imagen de sí mismos, como la de un espejo negativo que les dice de alguna manera lo buenos, sanos,

---

[8] Ibid, p. 27

cuerdos y correctos que son, en una suerte de socialismo moral en el que palabras como «valores» son vaciadas y convertidas en imperativos políticos.

Todo empieza por el desconocimiento de la naturaleza humana y la construcción de un ideal superhombre, un «hombre nuevo», un ser «altruista» y hasta un ser asexuado, que ha funcionado mucho como método de control a través del puritanismo sexual, muy unido a todas las formas totalitarias.

La búsqueda de un ideal de hombre distinto a la naturaleza real o de un «proyecto debido», válido para todos y lo suficientemente trascendente para imponerlo obliga a las personas a elegir entre ser transgresores o perseguidores de los transgresores. La mayoría de la gente elije la segunda opción. Los seres más independientes son los únicos dotados para elrompimiento del juego.

Concordando con Mises, en cuanto a que el estudio de las acciones humanas requiere la utilización del individualismo metodológico, estas formas de dominación del grupo sobre el individuo y el control social/político también pueden ser conocidos a través de actos individuales. Del gobernante, del brujo de la tribu, del psiquiatra, en los términos queSzazs expone.

A diferencia de las acciones consideradas propiamente individuales, estas acciones grupales, que se expresan por los actos de determinadas personas con poder sobre otras, no internalizan las consecuencias ni las responsabilidades. En términos morales, se produce el dilema comunal.

Los propósitos personales de los individuos con poder se canalizan por intermedio de la ideología que sirve de sostén, pero los costos son soportados por otros.

Estas concepciones idealizadas del hombre, esos estándares ficticios, colocan al individuo ante la subvaloración de sí mismo. Nadie es como sus héroes. Tal vez ni los héroes mismos sean del modo en que se los ve.

Las utopías no mejoran a las personas. Sólo las impulsan a perseguir a otros para así pensar (encontrando brujas) que ellos son mejores que los señalados, en lugar de esforzarse por serlo.

En política, el puritanismo no actúa sólo como una forma de sometimiento del público al gobierno. A veces no es el gobierno el que exige pureza a los ciudadanos, sino los ciudadanos quienes esperan pureza del gobierno. Entonces es cuando el público es el constructor de sus propios victimarios.

El prohombre, el ser desprendido que se debe a la felicidad popular, el Mao, el Fidel, el Hitler (puritano como pocos), el Hugo Chávez, son producto de la búsqueda de un salvador, de alguien que encarne las virtudes públicas, del filósofo-rey de Platón que, «mejor que nosotros», nos proteja de nosotros mismos.

Sin llegar a esos extremos, en América Latina estamos llenos de ejemplos. Las personas se indignan porque un «comisario del comercio», como un agente de aduanas, cobre un soborno para dejar a las personas transportar sus pertenencias. Se sorprenden porque un Estado que absorbe gran parte de la producción de un país esté lleno de funcionarios que se enriquecen buscando beneficios propios con sus decisiones políticas. La solución para muchos es cambiar a esos gobernantes por otros más puros. Y para empeorar un poco la cosa, aumentar los controles.

Así, también se construyen mitos sobre prohombres del pasado, a cuyo recuerdo los pueblos puritanos se consagran. Se los compara con los gobernantes actuales y la desventaja se hace evidente. Es muy posible que dejen pasar la oportunidad de mejorar su situación recurriendo a individuos reales que lleven a cabo proyectos menos heroicos, porque nadie se parece a esos grandes hombres, que se espera que vuelvan. Castigan a quien les habla con la verdad, como a los héroes randianos, y premian a quienes los ilusionan.

La causa de la desilusión de los pueblos inmaduros es la ilusión. La búsqueda de gobernantes salvadores produce demagogos y

mentirosos que exprimen a la gente bajo la ilusión de sus promesas.

Vuelvo al ejemplo cristiano que en muchos aspectos supuso
un avance en las instituciones políticas. El cristianismo original
se sostiene en una forma antipuritana de la ética. Cristo recurre al recaudador de impuestos, al pescador, a la prostituta, a
individuos «humildes», humildes en relación con el estándar de
santidad, pero personas con falencias reconocidas no mayores a
las de aquellos que no las reconocían. El cristianismo parte de
la falibilidad moral del individuo, no de su pureza.

El liberalismo demostró, desde Adam Smith, que la respuesta
a la pobreza no deriva de intenciones «puras» sino de acciones
«egoístas» bien canalizadas, sobre todo internalizadas a través
del derecho de propiedad.

Su principal acierto consiste en que, al igual que el cristianismo
original, no parece premiar valores superiores, trascendentes o
modelos humanos rectos.

Algunos llegan a decir que al liberalismo «no le importa
el hombre». Pero el hombre al que se refieren estos críticos es
ese hombre ideal, puro, que no existe. No hablan del hombre
real, que tampoco es impuro: es hombre. Ese humanismo es
inhumano.

Las expresiones de «amor a la humanidad» y, en general, las
apelaciones al «humanismo», a resolver las cosas de un modo
«más humano», contienen este elemento de hombre «santo», desprendido, altruista, heroico. Poco humano. El hombre no puede
ser otra cosa que humano, de manera que todo lo que hace, la
forma en que actúa, sus motivaciones, lo mejor y lo peor, dan el
verdadero sentido del término humanista.

Si el liberalismo es «más humano» es porque no intenta cambiar al hombre. Lo toma como es.

La supervivencia humana no se expande con guías eficaces
sino con la individuación. La humanidad no es un enorme barco

dirigido por un capitán que puede llegar a puerto o hundirse con todos adentro. Es un cúmulo de sujetos con autonomía capaces de explorar otras posibilidades, de revisar los dogmas y de sumar y acumular soluciones.

Esos sujetos particulares pueden creer un día que emborracharse es la mejor forma de vivir. Otro día puede que adviertan que el chador femenino es un incordio inservible y que no mantiene a la mujer libre de tentaciones.

El resto de nosotros podrá tener una idea distinta sobre ambos casos. En esa diversidad reside la gran ventaja.

Toda persona necesita una filosofía de base y un código de conducta, como sostenía Ayn Rand. Sin embargo, no necesita (y aquí está la diferencia entre una ética liberal y el puritanismo) que los otros sigan el mismo código, sólo que se le respete en sus derechos.

Ayn Rand entiende que esa ética se descubre por medio de la razón. Pero también se alimenta del intercambio y del ensayo de prueba y error (cuyas enseñanzas se adquieren con la razón). Sigue las reglas de toda producción en el mercado, en el que el resultado no es el designio particular de nadie.

La libertad de los otros es tan necesaria y útil como la propia. Los errores y aciertos ajenos son tan útiles como los propios.

Las instituciones políticas inspiradas por la filosofía de la libertad parten del reconocimiento de la naturaleza humana, que no cambia aunque se trate de gobernantes o gobernados. El hombre, gobernado o gobernante, se mueve por sus intereses, busca mejorar su situación y, a la vez, tiene capacidad de colaboración. No es un ser desprendido dispuesto a darlo todo por los demás. Está lejos de ser un «prócer» o un ciudadano ejemplar.

Su comportamiento es útil a los demás en un contexto de colaboración y es contrario a los demás en un contexto autoritario.

El liberalismo parte del supuesto de que el comportamiento del otro favorable a nuestros intereses es consecuencia de la persecución de sus propios intereses. Por eso no busca someterlo para obtener algo de él.

A veces esos intereses pueden ser definidos por convicciones religiosas y premios en el más allá, otras por deseos terrenales.

Los gobernados no se transforman en otra clase de seres humanos cuando, por medio de cualquier mecanismo, se convierten en gobernantes.

Si los individuos deben ser cuidados de sí mismos de acuerdo con una óptica autoritaria o paternalista, ¿por qué habría de tranquilizarnos que los cuiden otros individuos?

Las instituciones políticas liberales surgen de estas premisas. Por lo tanto la búsqueda de hombres puros, más desprendidos y generosos, no tiene vinculación con esta tradición del pensamiento. Las instituciones políticas liberales, prescindiendo de esas cuestiones, tienen el único fin de frenar al poder (la «libertad de gobernar») con total independencia de la catadura moral del mandamás de turno, porque el poder es pérdida de riqueza en términos subjetivos.

En tanto que el valor en los intercambios es subjetivo, como también descubrió la Escuela Austriaca de Economía, menor libertad implica menor riqueza. Inclusive podría decirse que la libertad es la riqueza.

El único bien que el liberalismo ha buscado en el poder político es el de servir de freno a quienes intentan imponerse sobre otros. El objetivo es que el poder político actúe sólo de un modo defensivo.

Por el contrario, quienes conciben al Estado como un proveedor, como el depositario de los intereses permanentes, contrarios a los deseos egoístas de los individuos, necesitan pensar que los gobernantes tienen que ser una élite distinta, más generosa y desprendida de hombres. Unos que puedan encajar en la ficción construida de héroes, cuya exaltación es una forma de puritanismo político.

Instalado el puritanismo como criterio político, los que quieren ser puros buscarán impuros, y si no los encuentran, los inventarán.

Algunas formas particulares de control

El hombre no es social en detrimento de su individualidad, sino como consecuencia de esa individualidad.

En un abuso de las matemáticas de los conjuntos, se supone que el hombre «es parte de una sociedad». Sin embargo, no hay una relación todo/parte entre la sociedad y los individuos que la componen. Al menos no en el sentido en que esto se entiende tradicionalmente, es decir, colocando al individuo como un ladrillo de la pared que es «la sociedad».

En la realidad las relaciones funcionan del modo opuesto y son las sociedades las que son parte de la vida individual.

Las entidades colectivas que habitualmente consideramos son el municipio, el Estado, la nación, la familia y la iglesia, entre otras. Una persona nacida en un condado de una gran ciudad será miembro entonces de ese condado, y a su vez éste será parte del ente colectivo que constituye la ciudad, y esta última, un componente del ente colectivo llamado país.

A su vez esta persona se desarrolla en el seno de una familia que será una parte más de esta cadena de «pertenencias».

Pero tal vez esa familia esté compuesta por personas de distintas nacionalidades. Además de ser vecino de esa ciudad, nuestro hombre es tenista y como tal pertenece a una asociación internacional del deporte, trabaja en distintas ciudades, o podríamos situarlo como un componente de la sociedad mundial de deportistas. Es «parte» también del géneromasculino y la masculinidad universal atraviesa familias, naciones, municipios, religiones. Este individuo viaja y se relaciona con personas de distintos lugares del mundo, estableciendo lazos que son mucho más reales que aquellos que mantiene, o se supone que mantiene, con otros individuos de su barrio, su ciudad, su país, a quienes no conoce.

Es más propio decir, entonces, que estas redes sociales son parte del individuo y no al revés.

Individuo se define como aquello que no puede dividirse ¿Cómo podría hacer para formar parte de colectivos que se entrecruzan y tal vez se excluyen? La sociedad, en cambio, no es otra cosa que la relación entre los individuos.

Deberíamos distinguir también que sociedades y colectivos no son lo mismo. Estos últimos no suponen relaciones sino que son meras abstracciones, como la de «género masculino», que agrupa a personas que no tienen entre sí compromisos ni realizan intercambios. Sólo son similares en un aspecto elegido por el observador como relevante. A esta especiepertenece la nacionalidad.

Las sociedades, en cambio, requieren para ser tales la existencia de relaciones y ocurren con la participación individual.

Normalidad y naturalidad

Uno de los criterios de control social es el de «normalidad». Existen personas que se comportan de un modo «normal», y otras, de un modo «anormal».

Si esto fuera nada más que una descripción objetiva, no presentaría mayores problemas. Un individuo que mida dos metros con cincuenta no es normal evidentemente.

El problema se presenta cuando la «normalidad» se defiende como un deber ser referido a la conducta, los gustos, las elecciones entre múltiples alternativas. En primer lugar, porque el ser humano en sus acciones no es normal; es libre.

El diccionario de la Real Academia Española define *normal* de este modo:

adj. Dicho de una cosa: Que se halla en su estado natural.

adj. Que sirve de norma o regla.

adj. Dicho de una cosa: Que, por su naturaleza, forma o magnitud, se ajusta a ciertasnormas fijadas de antemano.

La individualidad se caracteriza por su anormalidad, justamente: no estamos sometidos a cánones fijos. La normalidad, en consecuencia, no puede ser considerada un criterio moral. Las personas destacadas en cualquier área son justamente anormales. El talento extraordinario es anormal. La aspiración a la normalidad es una forma de sometimiento.

Recurrir a la normalidad para definir «conductas indeseables» es el equivalente a decir que el otro «no es como nosotros». Pero en ningún lado está establecido que debiera serlo y la diferencia no será esgrimida cuando el «no ser como nosotros» «nos» agrada o «nos» sirve o no choca con «nuestra visión» acerca de lo que todos deberíamos hacer.

Nadie destacará la anormalidad de un Leonardo da Vinci ni la de un Einstein, ni siquiera la de algún deportista o artista extraordinarios (nótese que extraordinario no tiene la misma carga que anormal). La anormalidad que será estigmatizada será aquella que «nosotros» desaprobamos.

La anormalidad es, en realidad, un intento de objetivar el desagrado que causa una conducta rechazada por quienes se sienten parte del club de la conducta «debida», después de haber comprobado bajo alguna forma de estadística que «somos la mayoría».

Detrás de la idea de normalidad aplicada a individuos hay una forma escondida de señalamiento del «mal» por parte de los «puros». Lo opuesto a la individuación es la normalización. Es distinto utilizar el criterio de normalidad para juzgar si determinada función fisiológica se cumple del modo adecuado que para determinar las conductas de las personas. Las ciencias duras tratan fenómenos físicos, en los que a determinadas causas corresponden determinados efectos. Fuera de la dimensión cuántica al menos, soltar una piedra en el aire supone que ésta caerá hasta que algo la detenga (disculpen los físicos mi imprecisión).

Los seres humanos, sujetos de estudio de las ciencias sociales, están dotados de voluntad. A determinado estímulo corresponden distintas opciones.

Por el mismo motivo, los fenómenos físicos son normales si ocurren del modo que esperábamos de acuerdo con nuestro nivel de conocimiento.

Podríamos preferir que se mantuvieran dentro de la normalidad, que no desafiaran nuestras teorías, para no tener que tomarnos el trabajo de revisar las explicaciones que utilizamos por el momento, pero las falsaciones son, en realidad, una fuente de conocimiento que aumenta nuestra oportunidad de explicarnos el mundo que nos rodea.

El otro también actúa de una determinada manera hasta que elige cambiar. A diferencia de la piedra cayendo, esperamos poder hacer que se comporte del modo que deseamos, de modo que no desafíe aquello a lo que estamos apegados. El intentar detenerlo, hacerlo «normal», responde a un miedo interno, pero implica una pérdida.

Al ser libre, el individuo es por definición anormal. Aunque los comportamientos se generalizan e imitan. Las mayorías, de acuerdo con cada cultura, siguen determinadas «normas» sin preguntarse demasiado su fundamento o si existen alternativas.

Las minorías o los individuos «raros», los que tienen un espíritu más independiente, obran de acuerdo con sus propias normas, prueban acciones que sus congéneres no se animarían a intentar. Se atreven a preguntarse con Galileo si acaso el universo no funciona de modo distinto al que transmite la religión. Rompen reglas que se arrastran desde tiempos (y circunstancias) que ya no existen. Son un tanto más anormales que el resto. Por medio de ellos esas «normas de los normales» se modifican y evolucionan para ser alguna vez normales.

En la medida en que estos individuos internalicen las consecuencias de sus actos, no hay objeción que hacerles. Nadie tiene derecho ni necesidad de guiarlos.

La normalidad no puede tomarse como criterio moral sin caer en el mismo tipo de error que cuando se aplica la relación causa-efecto a las acciones individuales, como se ha visto en la economía.

Los grupos colectivos rechazan a los distintos. Los anormales son utilizados para confirmar la normalidad de los normales dentro del juego purificador ya descripto.

Las sociedades cerradas (en alguna medida todas las sociedades lo son) excluyen a los anormales. Cuanto más autoritarismo practique ese grupo, más razones tendrán los individuos para intentar mantenerse dentro de los cánones «normales».

Al analizar conductas humanas y criticarlas por «anormales» se está aceptando el control social del grupo sobre los individuos y el valor del sometimiento de éste como algo deseable, pero además se está renunciando al verdadero juicio ético. Algo puede ser anormal, pero ¿por qué es censurable? Y ¿qué es lo que santifica a la normalidad?

Puede el grupo, o la mayoría o quienes pretenden ser sus intérpretes, invocar motivaciones morales propias para ejercer ese control. Pero el control en sí no es ético sino político, y la eventual obediencia no sería moral sino disciplinaria. La moral es un problema de la libertad. Quien obedece no es moral sino quien elije. Quien manda no es moralizador sino disciplinador.

Lo que se hace al recurrir a la idea de normalidad es evadir la cuestión ética que podría haber detrás de determinada conducta y esconder el control social político que está detrás.

Podría ser muy normal en una determinada aldea el robo de ganado, y eso no lo haría deseable. Podría ser a su vez muy anormal el beber alcohol, y eso no lo haría condenable. Es normal entre los esquimales entregar sus mujeres a sus visitantes. Es normal que se ofendan si éstos no las aceptan.

En una sociedad libre las normas tienen la única misión de preservar las libertades y derechos individuales. No buscan unificar ni igualar ni mantener a los otros dentro de pautas colectivas.

Las sociedades autoritarias buscan la normalidad y rechazan la anormalidad. En las sociedades libres existe una normalidad en revisión y una anormalidad de la cual aprender. En sociedades de este tipo no existe una preocupación por querer ser o demostrar ser normales.

Otro término utilizado como mecanismo de control social es el de la «naturalidad». También se lo utiliza con un sentido de control de la conducta y con un fin político. Lo hacen los ambientalistas fanáticos con un fin tan artificial como el de preservar el ambiente y también los que quieren controlar conductas que consideran viciosas. Aquello que rechazan es tildado de «antinatural».

En este caso se pone el estándar fuera del grupo, como si estuviera por encima y por lo tanto se tratara de algo indiscutible, y se lo interpreta a favor de los intereses de quienes lo invocan. Podrían utilizar a Dios como vocero de sus propios valores. Unos se escudan en él para moldear a los otros a su gusto, y otros pretenden tener un fundamento más mundano alapoyarse en la naturaleza.

El problema es que la naturaleza es aún más amplia de criterio que Dios. Porque natural es todo. Es tan natural el ser humano como las ballenas, el humo de las fábricas como las plantas de lechuga. Es tan natural comer papas como inyectarse cocaína. Es tan natural ayudar a una anciana a cruzar la calle como cometer un homicidio. Son naturales los bosques y también los desiertos. Pero esa naturalidad no nos agrega nada en elaspecto moral.

Lo artificial se define como aquello que ocurre previa intervención humana, dentro, por supuesto, de la naturaleza. En un sentido, lo artificial también es natural, y el criterio de tener en cuenta si el ser humano provocó un fenómeno para considerarlo esencialmente distinto del resto de los fenómenos es antropocéntrico.

Dicho de otro modo, la naturaleza de la que hablan los cultores de que todo se mantenga natural, al modo del ideal de Rousseau del buen salvaje, es un capricho como tal. No existe desde el momento en que se la considera. Porque entonces ya no es natural.

Se puede hablar de qué es mejor, pero siempre con criterios y fines humanos. Se puede sostener que dejar un paisaje intacto es mejor (tal vez, a veces) que construir en el lugar una fábrica, pero con criterios humanos.

De hecho, el paisaje como tal es una entidad humana y artificial. Es consecuencia de un juicio estético. La naturaleza no provee paisajes. Es la óptica humana estética la que los inventa como tales.

Libertad, próximos pasos

El camino del hombre hacia la libertad ha sido largo. Con avances y retrocesos. Evolucionando también por medio de la prueba de acierto y error.

Hoy sabemos que el poder político de un monarca puede ser una amenaza inofensiva para la libertad en comparación con las concepciones colectivistas modernas. Cuando «nosotros» somos los que avanzamos, el poder no encuentra fin.

La idea de democracia ilimitada provee un tipo de mitología que deja a las víctimas del autoritarismo sin voluntad de resistencia. No es el poder como un tercero el que interfiere en su vida sino que «somos nosotros», y es de inadaptados resistir.

En un tiempo la preocupación por la libertad podía apuntar a transformar el poder en un instrumento de defensa de los derechos individuales, haciéndolo público, separándolo de la mera voluntad de un monarca. A la larga ese aparato impersonal, el Estado, se convirtió en un problema mayor que el gobierno en sí.

El colectivismo del poder tiene problemas y tendencia al ahogamiento de las diferencias señaladas y de muchas otras que exceden el propósito de este trabajo.

Mecanismos como la división de poderes no han sido suficientes, aun cuando son indispensables. El Estado y el problema del poder frente al individuo en el siglo XXI requieren otras opciones.

Tal vez más importante que intentar que el poder modere al poder, como quería Montesquieu, sea el reducirlo a través de sus distintas manifestaciones a una escala más humana que la nacional. Acercarlo, para que se lo vea de cerca y no se puedan depositar falsas esperanzas en él. Que no se convierta en una deidad preparada para juzgarnos y proveernos. Porque no lo hará. Sólo nos perseguirá.

Al menos en lo que respecta a los puntos tocados en este trabajo, parecería indispensable centrarse en la separación de la moral y el poder.

Entender que el campo de la ética es el individual. La política democrática actual está contaminada de interferencias en las cuestiones privadas. Las mayorías no santifican. Las mayorías apagan la conciencia moral.

Desde el control de las drogas hasta la determinación de habilitaciones oficiales para distintas habilidades y las prohibiciones sobre los prejuicios de los individuos que son criminalizados, el Estado se ha separado de la religión, pero no de la moral. Todavía se considera que un aparato de fuerza es útil, o inclusive que es el más importante depositario de los códigos de conducta, más allá del respeto de las libertades.

Capítulo VI

LIBERALISMO CONTRA LA POBREZA

¿Es el capitalismo un sistema en el que los menos habilidosos se ven desamparados?

La política cruda y dura tiene su objeto en la relación de mando y obediencia. La modernidad democrática intentará acotarla y ponerla al servicio de determinados objetivos, pero de cualquier modo siempre hay unos pocos que imponen y establecen las reglas, aunque sea por representación, que además requieren servicios o pagos de sus congéneres.

Esta relación es común a todos los sistemas políticos. El gobierno siempre concentra las decisiones que de otro modo tomarían los individuos. Necesariamente unos valores se imponen y otros se excluyen, apenas se puede pretender que un amplio número de la población intervenga en la decisión, con un bajo nivel de influencia por cada individuo.

Conscientes de estos problemas los movimientos constitucionalistas liberales buscaron moderar a la política, la consideraron una amenaza, su expansión podría producir una enorme pérdida de riqueza para aquellos que debieran resignar sus aspiraciones en una decisión colectiva. Por eso imaginaron reglas limitantes y diseñaron contrapesos institucionales y poderes divididos, en un intento por poner al poder al servicio de los gobernados como protección a sus derechos.

Ocurrido este cambio en la historia política, el poder se encontraba encerrado en un paradigma popular y benéfico, acorralado por la legalidad y dirigido hacia la solución de conflictos y el mantenimiento de la paz y derechos de las personas.

Algo completamente nuevo como fundamento del mando y la obediencia y en cierto sentido bastante extraño. Tan extraño que ese poder legalizado en el Estado, con objetivos populares parece en algún momento ser capaz de satisfacer otro tipo de aspiraciones. Como si se hubiera empezado a confiar en un león por su incapacidad de dañar al estar enjaulado y olvidando que este era el motivo de que permaneciera inofensivo, se lo liberara.

Lo que la doctrina constitucional liberal de cualquier modo no puede resolver es el hecho de que las decisiones continúan siendo concentradas, aún en ese limitado ámbito de acción del poder político, y que unos valores se imponen y otros se excluyen. Se asume que es el costo para tener un aparato defensivo contra las agresiones externas e internas.

La solución parcial al problema se encuentra en el procedimiento democrático en la formación del gobierno y en la deliberación de los asuntos aceptados como públicos, es decir aquellos en que las decisiones son colectivas y se concentran, impidiendo a los individuos realizar sus propias elecciones.

La democracia de acuerdo a esta explicación no es en sí un canal de la libertad, como muy confusamente se piensa a veces, sino el campo en el cual la libertad se ha resignado en función de un valor que se sostiene como colectivo y superior. Porque la democracia es, de cualquier modo, una forma de gobierno, es decir de ejercer el poder y de mandar. Al igual que en cualquier sistema político, en tanto la concentración de decisiones implica pérdida de valores para quienes no las comparten y deben obedecerlas, el sostenimiento del sistema constitucional como tal está íntimamente relacionado con el cuidado de los límites de la política.

En el objetivo de luchar contra la pobreza, que es la condición de partida del ser humano, la política se encuentra impedida de dar una respuesta eficaz, precisamente porque su proceso de toma de decisiones supone en ese terreno concentrar las decisiones económicas, resignar aspiraciones y destruir la riqueza representada por objetivos de cada persona que se debilita en sus intereses al verse obligada a obrar como se le indica. El bienestar de unas personas se ve estorbado en el mejor de los casos en beneficio de otras. En el peor de los casos sin provecho para nadie.

En el ámbito no político, donde las personas toman sus decisiones de modo individual haciendo cálculos de costo/beneficio y sin incluir a las otras en los riesgos implícitos en toda elección, la lucha contra la pobreza se da de un modo sustentable, se actúa suponiendo que se va a pasar de una situación peor a otra mejor. Quién actúa paga el costo y obtiene el beneficio. El cálculo de esta relación cuidando que el segundo sea mayor que el primero es permanente.

Cuando el gobierno se embarca en políticas de redistribución de riqueza se ciega ante el resultado obtenido al final de la cadena de acontecimientos. Ahí ve, por ejemplo, una familia feliz que recibe un subsidio, pero omite la realidad del costo pagado por aquellos que fueron despojados y la larga cadena de acontecimientos termina en el sector marginal de la economía.

Esto no se mide, porque como la política redistribucionista separa al que produce del que goza del producto y el costo está lejos del beneficio. Todo parece ser beneficio y encima parece ser gratuito.

La política aleja al costo del beneficio, pero como hace ver al político al lado del último produce el efecto ilusorio de un bienestar que pareciera estar logrado como consecuencia de una generosidad bastante particular que consistente en estar dispuesto a repartir lo que no se produce.

Le permite a los gobernantes concentrar los aplausos. Ellos inauguran hospitales pero no están presentes cuando alguien debe resignar la cuota para la compra de una vivienda para pagar los impuestos con los que se hizo el hospital.

Esto nos lleva a otro problema inherente a la separación entre las decisiones y aquellos que pagan los costos, que es el de los sentimientos y su manipulación que retroalimentan el círculo vicioso. Si la decisión política de dar de comer a diez personas se realiza al costo de dejar sin comer a veinte, los últimos no serán mostrados por las cámaras de televisión, nadie se enterará ni estará en condiciones de establecer la relación causa efecto entre una y otra cosa.

Toda la atención se concentrará alrededor del poder y sus acciones. Incluso algún estudio sociológico se atreverá a decir que las veinte personas que quedaron sin comer, cuando las estadísticas las detecten, deben ser atendidas por el tipo de políticas que los dejaron sin sustento o llegarán al extremo de atribuir a la falta de esas políticas el problema en sí.

No he demostrado que una decisión de dar de comer a diez personas impide a veinte personas comer, sí he demostrado que el costo sobre la economía marginal de cada decisión de redistribuir riqueza no se mide, por lo tanto es perfectamente posible que ese costo se dé y que el gobierno o quienes opinan sobre políticas públicas ni siquiera se enteren.

Como la competencia política requiere simplificación y sumar simpatías, los políticos buscan la victoria electoral por medio de propuestas que podrían dejar a veinte personas sin comer allá a lo lejos en la frontera marginal de la economía, para beneficio de diez. Estos políticos serán vistos como generosos, los que los critican en cambio como mezquinos y la demagogia resulta ser el mejor negocio político con el mayor costo en empobrecimiento.

Si la desaparición de la pobreza dependiera de verdad de decisiones políticas, entonces la permanencia del problema sólo podría atribuirse a la maldad de los políticos que no quieren repartir riqueza. Ergo los repartidores son buenos, los capitalistas son malos.

Lo primero que ocurre por tanto con la política en relación a la lucha contra la pobreza es una gran distorsión de la realidad, como consecuencia de separar a quien sufre los costos de quien recibe los beneficios y poner en manos de un tercero las decisiones.

Lo único que podría poner fin a este engaño sería que la población general estuviera en condiciones de manejar conceptos económicos e institucionales. Las mayorías derribarían el Estado de Bienestar como el gran engaño del siglo XX y gran provocador de pobreza. Pero sería bastante difícil que eso ocurriera porque al sistema de incentivos que lleva a las personas a no contradecir al poder, se le suma la injerencia estatal en materia educativa. Controlan programas y métodos de enseñanza y habilitan profesiones determinando los conocimientos que se deben adquirir y los establecimientos que lo pueden certificar para ejercerlas.

No quiero significar que haya un comité conspirador sembrando la ignorancia, porque ni siquiera lo harían tan bien, basta que exista un extendido sistema de incentivos y una moral que los acompañe para que el Estado determine que es de ignorante renunciar al uso de la relación mando-obediencia para afrontar problemas económicos. Algo que por sólo separar al costo del beneficio parece ser gratuito.

Según Felipe Jaramillo, director del Banco Mundial para Bolivia, Ecuador, Perú y Venezuela, la crisis mundial dejó un saldo de 14 millones de nuevos pobres en Latinoamérica. Así lo afirmó en declaraciones a la prensa boliviana hace pocas semanas.[1]

El organismo luego recomendará políticas de asistencia social desde los gobiernos y además las financiará. Sus técnicos

---

[1] http://www.larepublica.pe/15-02-2010/crisis-dejo-14-millones-de-nuevos-pobres.

son capaces de ver la relación entre una retracción económica y la pobreza, pero solo pueden imaginar políticas anti pobreza realizadas mediante transferencias de recursos dispuestas por decisión política. Bastaría utilizar la lógica para comprender que la pobreza disminuye con generación de riqueza y no con transferencia coactiva de ella.

Se puede recurrir a fondos públicos ante emergencias reales y catástrofes, lo ilusorio es pensar que se soluciona la pobreza con métodos que la crean. Las mal llamadas «políticas sociales» son como tirar de una sábana corta para tapar los hombros, destapando los pies.

Complicando un poco más las cosas los beneficiaros de las políticas de redistribución son puestos fuera del mercado y su capacidad productiva se ve destruida. En casos extremos de asistencia sus fuentes de ingresos no se relacionan con su capacidad de responder a requerimientos del mercado, sino el premio a su inactividad, generándose por lo tanto inactividad.

En términos económicos lo que significa es que el Estado «compra» pobreza, se convierte en un demandante de personas necesitadas y en la medida en que lo continúa demandando se sigue obteniendo oferta de gente que está cada vez más alejada del circuito productivo y cada vez más incapacitada para volver.

En una punta de esta cadena están los que producen los bienes que serán repartidos por decisión política. Estos se ven defraudados porque actuaron con la expectativa de obtener un fruto que se les quita, pero se podrán adaptar en base a los nuevos (peores) incentivos. En cambio en la otra punta, los «beneficiarios» obtienen una efímera satisfacción pero se les cortan sus posibilidades de adaptación.

En ninguna de las dos puntas la situación es sustentable. En aquellos que son desposeídos su productividad bajará o dejará de subir por el debilitamiento de los incentivos, del mismo modo que el aumento de un precio tiende a disminuir su demanda. En aquellos que obtendrán subsidios u otros beneficios el reparto tendrá que continuar sin que existan incentivos para que gane autonomía, dado que ello lo llevaría a la pérdida del beneficio.

El plan del Estado de Bienestar ha fallado una y otra vez, pero el ideal se mantiene intacto. En todos lados donde se lo ha practicado se torna financieramente insostenible y siempre provoca una importante pérdida en libertades personales y derechos. Esto es así sin que siquiera se midan sus costos. El ideal sin embargo sobrevive porque el fracaso por sí no explica nada, sino una teoría correcta de qué es lo que está ocurriendo.

Podemos creer que una deidad maneja las lluvias y si la cosecha no se ve bendecida por el agua, explicarnos que eso se debe a la maldad de los hombres que enojaron a la deidad. Los hombres malos necesitan un gobierno que los obligue a ser buenos. Pero si sabemos que las deidades no deciden el régimen pluvial, entonces los hombres pensando buscarán soluciones sin invocaciones mitológicas.

Esto explica por qué los regímenes populistas prosperan aún cuando el fracaso los acompaña. Incluso el doble estándar por el cual a otro tipo de gobiernos que intentan establecer reglas de juego estables y generales y retiran la influencia política sobre la economía, cada objetivo no alcanzado, contrariamente a lo que le ocurre a los gobiernos demagógicos, puede significarles un alto costo político.

Los demagogos por aquella separación entre desposeído y beneficiario, han ganado el lugar de los buenos en la sociedad. La pobreza en un sistema populista es vista como trabajo pendiente de los gobiernos, sin culpa de los gobiernos. En un sistema capitalista se la ve como consecuencia de la maldad del sistema, como culpa de los capitalistas explotadores. Casi al revés, y digo casi porque la pobreza del populismo es consecuencia del sistema, pero no de la maldad de nadie. Mientras que la pobreza en el capitalismo es trabajo por hacer, sin culpa de nadie.

El proyecto del populismo es psicológico-mítico y la condición es la separación de la producción y el goce de sus beneficios. La izquierda latinoamericana, ese llamado socialismo del siglo XXI y sus cultores se alejan de una forma intelectual de socialismo, es más bien un conjunto identificatorio, con slogans y consignas que permiten a la gente pertenecer a ese bando que es de los buenos y a a la vez de quienes mandan. Parece ocupar en la actualidad el lugar de una religión de Estado sentando las bases de una moral que justifique al poder y discipline a la población, con ritos y gurúes propios.

Ese fenómeno psicológico-mítico ocupa el lugar de la épica que en la política tradicional invitaba también a eliminar la individualidad y sacrificarse en función de otras satisfacciones psicológicas como la gloria o el prestigio. Desde esa situación de las sociedades humanas primitivas a un nuevo escenario posterior a la explosión de la vida privada que trajo el liberalismo en los siglos XIX y XX ocurre un reciclaje por el que el poder debe encontrar nuevos motivos para justificarse reemplazando la amenaza de dragones y extranjeros por explotadores capitalistas.

El populismo latinoamericano redivivo intenta en definitiva convencernos de que necesitamos volver al orden anterior en el que nuestra vida no dependía de nosotros mismos, sino de nuestra inserción en el ejército correcto, luchando con los fantasmas que elijen para nosotros y colocan a una banda de pillos en el pedestal de nuestros salvadores. Todo por la apertura de la puerta del Estado Benefactor y todo lo que implica en el campo moral, político y económico.

La experiencia de este Estado presente en todo es un tanto más opresiva incluso que cualquier convocatoria la «gloria del campo de batalla». Nadie quiere «luchar contra el mal» cuando está pensando cómo cambiar el auto o conseguir fondos para educar mejor a sus hijos.

Esa visión pedestre de la vida es un serio antídoto contra le épica pública que entorpece la construcción de una mitología funcional alpoder. La nueva mitología política se ve obligada a afinar su puntería. Ya cuentan con el bien, identificado con la demagogia, y el mal con los que se oponen a la demagogia, al Estado educando y dejando a la población en la ignorancia. El próximo demonio a combatir es el más poderoso enemigo de un orden opresor, que es el afán de lucro. Es decir, ese deseo de cambiar el auto, de tener una vida privada y familiar, de lograr un proyecto propio sin ocuparse del bienestar de los otros.

Estoy bastante seguro de que al lector que ve la frase «lograr un proyecto propio sin ocuparse del bienestar de los otros» le produce en algún rincón de su mente la misma inquietud que me produce a mí al escribirla. En nuestra cultura es como el fruto del árbol prohibido, el permiso último y más desafiante con el que el liberalismo irrumpe en la historia de la humanidad para liberar al individuo.

No hay otra cosa de qué liberarlo como no sea de sus congéneres. Este actuar para sí, por el propio beneficio, ese motor estigmatizado como moralmente menor es el propósito de la libertad.

Estos dos órdenes, el de «los buenos luchando contra los malos» y el de el individuo pensando en hacer más placentera y cómoda su vida compiten, pero no es una competencia que tenga una larga historia. El lugar de la vida «privada», la vida plena y feliz de la gente común, viene de la mano del capitalismo, que disminuye el costo de liberarse de protectores/mandamases.

El lucro representa aquella aspiración desprovista de un propósito social o altruista, el individuo obrando para sí, que para quienes viven en el orden moral de la política es fuente de disolución, y para quienes entienden la dinámica del comercio es el motor de la colaboración social es la causa de la colaboración social. Aunque se lo reconozca o se lo reprima el afán de lucro está también en quienes ejercen el poder y buscan su propio beneficio en aquella selección y exclusión de valores de las que hablamos al comienzo, como observa con detenimiento la escuela del Public Choice.

En la película Avatar de James Cameron, los malos representan a una empresa que busca extraer un recurso minero valioso en
un planeta lejano. La empresa cuenta con un ejército y ataca a los
buenos, que son aquellos dispuestos a ahogar su individualidad y
a estar conectados a una red panteísta constituida por el planeta y
todos los seres vivos. Cada individuo de estos buenos propuestos
por el guionista posee una suerte de cordón conector con el cual
se vincula con cada uno de los otros seres. Claro que ese sistema
moral tiene sus cabos sueltos. Los buenos deben sobrevivir igual
a costa de otras vidas de las cuales alimentarse. Para esta falla
hay una solución ad hoc. Los buenos antes de darles muerte a
los animales que comerán, les hacen una expresión de amor en
una especie de oración ecologista al oído, para luego clavarles
el cuchillo con toda bondad.

La alegoría emociona a las masas produciendo un fenómeno
de taquilla porque éstas comparten esos valores pero es curiosa,
porque en la realidad no son las empresas las que forman ejércitos para capturar recursos, sino los gobiernos. Las empresas en
realidad buscan reducir sus propios costos y comercian, ofrecen
algo a cambio, invertirían en tecnología para extraer ese mineral
valioso sin dañar a los árboles que veneran los buenos de Avatar.
Por otro lado los sistemas morales cerrados, que no admiten «desconectados», es decir negadores, que disfrazan el hambre que los
lleva a cazar de otra cosa, es decir que estigmatizan sus verdaderos
impulsos, son los que ejercen la violencia contra sus congéneres,
los que persiguen a los «pecadores» desconectados, los que forman
ejércitos para canalizar la violencia reprimida y buscan fantasmas a
los cuales combatir depositando el mal en los débiles y los distintos.

En la ficción por supuesto los roles pueden invertirse y si esa
ficción tiene éxito en el público es justamente porque bajo esa
dicotomía moral viven los países en los que los Estados y los políticos han reeditado la vieja épica de las batallas con otras quimeras
más cercanas a la dimensión de las clases medias influyentes.

Queda por ir a la segunda cuestión propuesta en este ensayo, que es, frente a la falsa acción contra la pobreza que nos propone la política qué tendría para decir el liberalismo y que por cierto no está diciendo con el énfasis debido.

Casi como parte de un guion al estilo Avatar se dice que el capitalismo es el sistema para los más fuertes, que los más débiles perecen o pierden. John Rawls en su teoría de la Justicia intentó buscar una solución a este problema, que me adelanto a señalar que es un falso planteo, a través de la idea de «igualdad de oportunidades».

La realidad es distinta al supuesto contenido en la propuesta de Rawls. En toda sociedad hay gente que tiene diferentes habilidades y algunas otras que tienen muy pocas. Al menos hay gente que tiene habilidades más apreciadas.

Hasta la llegada del liberalismo las habilidades jugaban un papel muy pobre en el desarrollo de las personas, el ascenso y la suerte se decidían en el linaje, la política y el clero, todos ellos relacionados entre sí. Sí pesaban en cambio las habilidades políticas y militares.

El liberalismo despeja la coacción y los privilegios como elementos determinantes del enriquecimiento. Las habilidades comunes empiezan a ser decisivas en la suerte de cada uno. Pero no solo en eso, también en el desarrollo del grupo.

En lugar de las habilidades políticas, la capacidad de embarcar a los demás en cruzadas o campañas épicas, ahora la cuestión era saber producir algo que otros quisieran adquirir, saber vincular a gente sin poder político en la realización de proyectos, porque todos los involucrados tenían derecho a internalizar, es decir guardar para sí, el producido de su acción. Por lo tanto lo que había que hacer era convencerlos.

El principio que permite esto es la unión de dos términos «propiedad» y «privado». Es decir, la propiedad de «cualquiera». No hacía falta pertenecer a un linaje en particular, o haberle prestado

servicios útiles al jefe de una banda llamado con pompa «rey».
Cualquier privado, luego de este proceso revolucionario llamado liberalismo que fue mucho más allá de cualquier proclama
intencional de un filósofo político, era dueño de enriquecerse.
De lucrar.

Desde el esquema de valores anterior a eso, se despreció el
resultado visible. Nació algo que en el elitismo remanente era
considerado ordinario y poco valioso: la burguesía, que obsesio-
nó al marxismo. Les parecía a los admiradores de la «nobleza»
(conjunto de bandoleros que rodeaban al jefe de la banda) que
aquellos hacían cosas «horribles» como juntarse a realizar «obsce-
nos» intercambios por monedas de «meras» mercaderías. Y seguro
que eran cosas de un valor mucho menor que los conciertos en
palacio y las cacerías realizadas por la «corte».

Es importante ver desde qué esquema de valores viene el
desprecio por la actividad comercial que el anticapitalismo después disfrazará de «amor al pueblo»

Lo cierto es que la buena producción de bienes o servicios no
requiere aquellas jerarquías. El proceso de crecimiento y desarrollo
de cualquier actividad humana, desde el teatro, a la creación de
empresas, a la literatura, dependen de un contexto de apertura,
derechos de propiedad e inexistencia de privilegios. De esas condiciones surge una explosión de desarrollo que no es producto
de la genialidad de ninguno de los componentes de la sociedad,
sino de la multiplicación exponencial de pruebas y errores. Por
eso es que no se necesitan jerarquías previas. Los mejores simplemente surgen.

Como señalé antes hay gente más y menos habilidosa. Habilidad, habría que aclararlo, es una característica que también
está en el contexto de estos intercambios abiertos con derecho
de propiedad para cualquiera (propiedad privada), se demuestra
en el terreno por decirlo de algún modo, requiere una aprecia-
ción voluntaria por los otros que la buscan. El planteo que se le

hace al liberalismo es que dejaría desamparados a los que, aún despejando la cuestión de los privilegios o el linaje, o la selección política de quienes son «mejores» como lo esperaba nuestro elitista marxista en cuestión, tienen menor suerte.

Este orden de intercambios voluntarios es muy distinto al de la imposición de intercambios por intervención de una autoridad externa. La diferencia en productividad entre unos y otros podría simplemente compararse, viendo los países repartidores y los países menos repartidores. Solo observando cómo los paraísos del bienestar en Latinoamérica exportan población hacia los Estados Unidos, donde las personas tendrán que actuar sin siquiera el reconocimiento legal del derecho a trabajar. Los latinoamericanos huyen de la generosidad que los rodean, en búsqueda de la oportunidad de tratar con los «egoístas que los explotarán».

Qué es lo que saben estos inmigrantes aunque sean incapaces de expresarlo. Pues saben que allá hay oportunidades y oferta de beneficios concretos a cambio de lo que ellos hagan, sin enterarse de que eso ocurre por el contexto de apertura, derecho de propiedad y permiso para beneficiarse, y no parecen necesitar de ninguna generosidad que discurso alguno les ha podido dar jamás. La razón es sencilla, el permiso del beneficio particular incentiva a la producción, la pistola del repartidor la aleja, además de que el primero produce vínculos pacíficos y el segundo violencia, lo que potencia los efectos.

Nadie necesita más del capitalismo, sinónimo de riqueza disponible para cualquiera, que el menos habilidoso, el menos agraciado, el más inepto de una sociedad. Ese verá que el valor relativo de cualquier cosa que haga crecerá y tendrá cosas a su disposición producidas a un precio que ninguna mazmorra podría igualar jamás. Porque además cuando las mazmorras y los repartos están vigentes, los más habilidosos de esa sociedad en lugar de obtener beneficios haciendo cosas para él, se ocupan de hacer que las reglas políticas los favorezcana ellos mismos. Es la riqueza política la que es para unos pocos, la que excluye, y no la riqueza capitalista que es para las masas.

Cuanta más habilidad rodee a una persona, mejor para ella, mayor ingreso en términos de bienestar recibirá por sus esfuerzos. La paridad de su situación con la de esas personas no solo carece de relevancia sino que conseguirla achatando los vértices es la peor amenaza que puede haber contra los que están en el valle.

Como si esto fuera poco hay otra cuestión de peso, por la cual los pobres deben ser los peores enemigos del reparto de riqueza. En todo este proceso de producción de riqueza roto por los repartidores, interviene un árbitro llamado Estado. Lleno de parásitos, gente que no se perjudica de sus errores y en cambio se beneficia, a los que sus víctimas no pueden controlar. Un aparato que sin dar nada a cambio «impone pagos», es decir impuestos también llamados tributos otrora reservados a los pueblos vencidos. Ahora ese pago ha sido moralmente blanqueado y a quien se ve obligado a realizarlo se le llama falsamente «contribuyente».

El impuesto, que es un pago a cambio de nada, en lugar de producir retroalimentación en los intercambios genera destrucción de riqueza. Aunque se los cobren a los más ricos, estos se abstienen de consumir o invertir en las últimas prioridades de sus escalas de valor. Aquellos que hubieran intercambiado con ellos harán lo mismo, en una cadena sucesiva por la cual las actividades menos rentables y el trabajo de los menos habilidosos será el que desaparecerá. El reparto de riqueza es pagado en última instancia por los más pobres y los menos agraciados por la naturaleza o la suerte.

El reparto de riqueza margina, la producción de riqueza amplía los márgenes. Es la explosión liberal, el desenfreno de las ambiciones, la desmitificación del lucro la única situación que conoce la historia de la humanidad en la que las masas salen de la pobreza en lugar de esperar asistencia o una muerte en las mismas condiciones de toda su vida.

A pesar de todo esto los populistas parecen ser los preocupados por la pobreza, la marginalidad, la exclusión social y el capitalismo el responsable de todo el problema. No compiten con líderes del otro lado que les digan con un entusiasmo comparable que ellos son la causa de mucha de la pobreza, ni que hablen de la exclusión social estatal. La razón es esta: la política maneja y manipula. El mercado produce. La política tiene agentes de prensa, el mercado tiene gerentes que resuelven problemas.

Aunque existan políticos que entiendan al mercado no tienen un interés personal en que sobreviva, como sí tienen un interés personal los estatistas en que el Estado se vuelva omnímodo.

Escuchamos habitualmente a los presidentes anunciar «creación de puestos de trabajo» en discursos que los muestran llenos de orgullo. Nunca veremos, porque no los hay, a líderes del mercado (a lo sumo hay empresarios ocupados de sus temas, y cámaras empresarias lidiando con el gobierno por sus propios asuntos) anunciando las «creaciones de puestos de trabajo» que genera la actividad económica libre todos los días. Ni menos que expliquen que hasta los «puestos de trabajo» creados por decisión política son debidos a los recursos extraídos del mercado. Es un problema de intereses, el mercado lucha contra la pobreza. El Estado lucha contra el mercado.

En el mercado no hay tal cosa como exclusión social. Basta ver que el kilo de tomates en un barrio de ricos tiene un precio distinto al que tiene en uno marginal. Que los productos y servicios se distribuyen en base al poder de compra de cada sector. Que el mercado ofrece siempre una remuneración adaptada a la productividad del trabajo que el individuo puede ofrecer. El mercado incluye bajo cualquier circunstancia adaptando el precio a las condiciones generales.

La exclusión solo ocurre cuando hay precios políticos. Rigidez en las condiciones por decisión de los gobiernos. Prohibición de contratar en determinadas circunstancias. Moralina de quienes quieren sentirse benefactores de la humanidad, estableciendo pautas por la fuerza que con conforman a las partes.

La libertad supone reconocer el derecho al beneficio mutuo en las transacciones. La intrincada red generada a través del mercado está toda construida sobre este incentivo. Los demagogos y los simplistas, creen que para que los pobres estén mejor todo el secreto consiste en atacar el beneficio de aquellos que los proveen o demandan trabajo de ellos.

¿Cuál es el efectode éste quebrantamiento del principio? Pues que consiguen lo que buscan, que a los proveedores de los pobres (desde viviendas, hasta vestimenta o servicios de salud y educación) y los demandantes de su producción (empleadores) deja de convenirles proveerlos y contratarlos. El incentivo se rompe. Agravado seguramente porque los demagogos y simplistas querrán explicarse que esto se produce porque los ricos se han vuelto malos, no como ellos los políticos, seres siempre tan generosos. Intentarán resolverlo por el mismo camino, haciendo que a los proveedores y demandantes de los pobres les convenga cada vez menos tratar con ellos.

En este marco se crean dos mundos. Uno el llamado «blanco» en el que las transacciones se ajustan a las condiciones impuestas por la política, incluso se pagan los impuestos que exige el gobierno. Estas son las actividades que a pesar de todo siguen siendo rentables. No es que se beneficien con ese marco, sino que tan solo son los capaces de sobrevivir a él.

El otro mundo es el de la informalidad, el del mercado llamado «negro», en el que se realizan todas aquellas transacciones bajo condiciones que, a pesar de estar prohibidas por la autoridad política, son convenientes para las partes. En condiciones también mucho más duras que si no estuvieran perseguidas. Esto es exactamente exclusión fiscal.

Los barrios marginales no cumplen ninguno de los estándares «sociales» (condiciones de vida decididas por la política),
ni pagan impuestos, ni se ajustan a las condiciones de trabajo
de los laboralistas. Son el residuo de todo aquello que el Estado con sus grandes planes no logró, y para lo cual no tiene
explicación. El estatismo dirá que el mercado genera pobres y
el Estado los acogerá. Bien, esto segundo, pese a toda la generosidad, no ocurrió.

Este diagnóstico es indispensable para generar políticas de
«inclusión social», contra la marginalidad y la pobreza endémica.
Todas ellas podrían resumirse solo en esto: reducción del Estado,
en cuanto a presencia y en cuanto a impuestos. Reducirlo hasta el
punto en el que el más indigente esté en condiciones de cumplir
todas las normas y seguir dentro del sistema.

Todos hemos oído ese interrogante cuando hay algún servicio
que se considera esencial: qué pasa con el que no lo puede pagar.
La respuesta incómoda en estos casos es que aquél buscará un
sustituto a su alcance. Pero nadie se pregunta qué pasa con el
que no puede pagar al Estado. No vemos este tipo de generosidad, a pesar de que vemos en cada barrio marginal a las masas
que no pueden pagar al estado, ni en dinero por impuestos, ni
cumpliendo las condiciones en sus trabajos que se supone que
los beneficiarán.

¿Qué pasa con el que no puede pagar al Estado? ¿Puede buscar
un sustituto a su alcance? No, porque al sustituto se le llamará
mafia. Que es exactamente lo que reemplaza al Estado en esos
barrios marginales.

Si este problema no se entiende o los políticos no tienen la
valentía de plantearlo, hay otros mecanismos a los que pueden
recurrir, como exenciones impositivas, siempre acompañadas de
desregulación. Pero el problema de fondo es la subsistencia del
Estado paquidérmico. Lo primero es el diagnóstico del problema
de la marginalidad, después podemos pensar por dónde empezar

Es muy conocido el caso de Muhammad Yunus y su banco para los pobres en Bangladesh. El descubre que los micro créditos concedidos a la gente de bajos recursos tienen un grado de repago importante que reduce el costo del cobro compulsivo. Lo que no es tan conocido es que para permitir semejante tipo de créditos la mayor parte de los países, por no decir todos, requieren una legislación especial, porque los pobres no son considerados sujetos de crédito ni los bancos con todos los requisitos que tienen para funcionar y otorgar préstamos pueden prestar sino a millonarios. Las legislaciones bancarias están hechas para que sólo los ricos depositen su dinero y sólo los ricos sean financiados. Aunque no sea la intención. En materia de crédito, las condiciones legales son tales que también hay una marginalidad que nada tiene que ver con el mercado, sino con la «legalidad» del Estado.

A los pobres les queda el peligroso mercado negro para obtener algunas veces financiación. Ese mercado negro del crédito que recurre a la violencia para cobrarse y que es al que el Estado los ha relegado con sus regulaciones inalcanzables.

El político liberal, al menos el político que entiende el problema de la generación de riqueza y del límite al poder, se encontrará muchas veces con el problema de responder qué hacer o qué propone para mitigar la pobreza. Pues se la mitiga con riqueza, no con política.

Se preguntaba Juan Bautista Alberdi «¿Qué exige la riqueza de parte de la ley para producirse y crearse? Lo que Diógenes exigía de Alejandro: que no le haga sombra».

Al Estado le cabe la responsabilidad de reducir la marginalidad de un modo muy distinto al imaginado hasta ahora, por la vía opuesta a la del reparto, es decir por la disminución de todo tipo de impuestos sin medir el patrimonio de los beneficiarios, confiando en la ampliación del margen productivo en el que están los que esperan que el elefante del poder se les quite de encima para salir adelante.

Capítulo VII

EL AÑO 2000
NOS ENCONTRÓ DOMINADOS

«El año 2000 nos encontrará unidos o dominados» afirmó Eva Duarte de Perón. Como si su presagio se hubiera cumplido en otros términos, en el año 2009 la situación de los Kirchner en el poder podría resumirse como la conquista del Estado sobre la población dominada. Situación que se repite en otros países latinoamericanos.

Salvo un sector geográfico circundante a la ciudad de Buenos Aires el país odiaba a Néstor Kirchner, sin embargo aún así pudo alzarse con el laurel de permanecer como primera minoría. La razón era que en ese pequeño sector se concentra casi el 40% del electorado del país, en un proceso de concentración de la población que tiene mucho que ver con una capital en la que gira la actividad política de un Estado omnipresente.

Kirchner jugó entonces el juego con máxima crudeza y se aseguró de utilizar el dinero que un sistema constitucional destrozado le proveía para obligar a los caciques del lugar a poner la cara por él. Le llamaron «candidaturas testimoniales». Los intendentes que dependían del presupuesto nacional fueron obligados a encabezar listas de diputados que respaldaban su candidatura a gobernador, porque era la única forma que tenía el entonces presidente consorte de asegurarse la lealtad de los caudillos.

Este juego de conquista de democracia no tiene nada. A la democracia juegan sólo las víctimas de este tipo de déspota y no ellos, porque parten de su adoctrinamiento que ha sido aceptar el resultado del cohecho masivo como un imperativo categórico llamándolo «voluntad popular».

¿Qué tiene de particular ese sector geográfico alrededor de Buenos Aires? Es el destinatario más directo del «reparto de riqueza» y por tanto concentra pobreza. Los pobres que siguen siendo pobres antes de comenzar el tercer mandato kirchnerista.

Si alguna duda queda de que el «estado de bienestar» conduce a la pobreza, no sólo de los sectores marginales de la economía que pagan las consecuencias de la extracción de recursos, sino sobre todo de los destinatarios que son convertidos en parásitos, este sector al que van todos los repartos habidos y por haber que es cada vez más pobre es toda la prueba que se necesita para despejarla.

El estado los destruye en su capacidad productiva y los convierte en mendicantes y tal vez a sus hijos también. Los resultados están a la vista, cada vez hay más pobreza donde el estado invierte más dinero ajeno para paliarla. El circuito se alimenta a sí mismo. No ha sido la maldad de los peronistas lo que produjo este hiper-populismo, sino la «bondad» de los creyentes de la socialdemocracia lo que produjo al hiper-populismo. No es más que la última etapa de un enorme error.

De la democracia a la dictadura del repartidor, un sistema que es hijo de ese «bienestar» combinado con la falacia moral que hay detrás de la moralina impositiva que santifica la tributación como al diezmo.

La democracia como tal, con todas sus limitaciones parte de un pacto moral, no de una legalidad meramente política. Elegimos gobierno porque somos iguales y nos respetamos por igual. Votamos al administrador del edificio porque va a resolver la rotura de un caño, no porque haga falta que alguien determine quién se impone sobre quién. Quién se impone sobre quién es el tipo de cosas que sólo se deciden con las armas en la mano. Se llama guerra, no democracia.

Tampoco el administrador decidirá qué vamos a comer esta noche o el color de las cortinas del departamento. Si el administrador fuera a determinar tal cosa no aceptaríamos votarlo. Una parte, los más fuertes, deberían imponérselo a los otros por la fuerza. Pero si quisieran ahorrarse algunas balas también podrían instruirlos en una moralina por la que la minoría se crea obligada a someterse. Aunque sería difícil que a esa escala se reprodujera un esquema tan irracional; las moralinas generalizadas requieren cierta distancia macro. De cerca el administrador se ve como lo que es. Un tipo.

El tipo que resulta de la elección está tan lejos que no necesita una mayoría para tener en sus manos los derechos de los otros. Le basta ser la primera minoría si el resto está convencido de que eso le da derecho a quedarse con lo ajeno.

Así un pequeño sector del país impone las reglas al resto. Las reglas son que ellos reciben, los demás ponen. Y ellos están cada día peor en todo sentido. Una situación similar a la vivida por el Virreinato respecto de la corona española que llevó a tomar medidas en lugar de creerse el cuento de la divinidad monárquica. Hoy la moralina es electoral, entonces era celestial, pero los términos del problema no variaron demasiado.

Para los socialistas de todos los colores los pobres, y en particular el conurbano, son víctimas de los ricos. Raras víctimas que no quieren independizarse de sus victimarios.Deberían pensar en cambio en liberarse de sus «benefactores».

Capítulo VIII

JUSTICIA O IGUALDAD

Las aspiraciones de justicia e igualdad parecen estar emparentadas, aunque responden a objetivos diferentes y se traducen en medidas incompatibles.

El establecimiento de la paz entre nosotros es bastante más que una simple tregua en las hostilidades. Entre un estado de tregua y la civilización debe prevalecer histórica y conceptualmente la idea de justicia.

Siguiendo la definición clásica de Ulpiano sobre justicia como «dar a cada uno lo suyo», la paz supone establecer qué cosa corresponde a cada cual y por qué, bajo qué regla se determina.

A lo largo de un proceso de evolución del derecho en el mundo civilizado la justicia se convierte en una institución fundamental de la organización política, los principios en que se basa fueron elaborados por medio de la solución de conflictos particulares que sirvieron para el estudio de una materia particular sometida a juicio. El avocarse a descubrir esos principios lleva consigo la intensión de facilitar la convivencia pacífica.

Esa actividad de dar a cada uno lo suyo permitió el descubrimiento de principios concretos que la transformarían en un cuerpo jurídico. En ese proceso el hombre pasó del orden bélico, al orden político y del orden político al orden jurídico.

La idea de separar a la política de la justicia se logra en la última etapa de evolución. Si bien para Aristóteles las funciones de gobierno ya se dividían, en Montesquieu esa división adquiere la función de contrapesar un poder con otro y de esta manera limitarlos en beneficio de las libertades individuales.

De ahí la necesidad de que los tribunales estén en manos de jueces separados, pares de los que sean sometidos a su juicio y que deban seguir un procedimiento bien determinado. Esos poderes divididos «se neutralizan produciendo la inacción. Pero impulsados por el movimiento necesario de las cosas, han de verse forzados a ir al concierto».[1]

La justicia es un pilar fundamental de la paz y requiere indagaciones y un proceso científico. Lejos de ser el resultado de una afirmación general sobre el estado de los patrimonios de los contendientes, se dirige a resolver un asunto acotado, en base a argumentos específicos.

La igualdad como aspiración social en cambio no es la base del establecimiento de la paz, sino que requiere el ejercicio de la fuerza para hacerla regir entre hombres que actuando de manera permanente producen, consumen y eligen a distintos niveles, distintas cosas en distintos volúmenes, y por lo tanto generan diferencias.

No es la igualdad una idea distinta o complementaria acerca de la justicia, sino un principio independiente de ella. No contiene esa pretensión de dar a cada uno lo suyo. No hay averiguación sobre la legitimidad de la obtención de los bienes.

El grado de violencia necesaria para imponer la igualdad puede llegar a cualquier extremo explica Walter Williams: «Suppose I refused to make payments into Social Security. What would happend to me? First, a fine would be assessed. Suppose I refused to pay the fine? I'd be threatened with property confiscation. Then suppose I tried to protect my property from the actions of the agents of Congress? I would surely be killed».[2] Y esto puede

---

[1] Montesquieu, *El espíritu de las leyes*, libro undécimo, capítulo II, p. 109, Penagos, México 2000.

[2] Walter E. Williams, *Social Justice*, The Freeman, julio de 1998, p. 447. «Supongamos que me rehuso a realizar aportes a la seguridad social ¿Qué me

ocurrir con cualquier orden del gobierno a la que generosamente se denomina «ley».

Hayek atribuye la aspiración de igualdad a sentimientos atávicos heredados del hombre primitivo cazador:

«No debemos olvidar que antes de los últimos 10.000 años, en los cuales el hombre desarrolló la agricultura, las ciudades y finalmente, la «Gran Sociedad», éste existió mucho más tiempo en pequeñas bandas de cazadores, compuestas de más o menos 50 individuos, que compartían sus alimentos y que mantenían un estricto orden de autoridad dentro del territorio común y protegido de la banda. Las necesidades de esta especie de sociedad antigua primitiva determinaron la mayor parte de las tendencias morales que aún nos gobiernan y que aprobamos en los demás. Fue una agrupación en la cual, al menos para los varones, la búsqueda común de un objeto físico común bajo la dirección del varón alfa era tanto una condición de su existencia continua como la asignación de cuotas diferentes de la presa, a los diversos miembros, de acuerdo a su importancia para la sobrevivencia de la banda. Es más que probable que la mayoría de los sentimientos morales entonces adquiridos no sólo han sido trasmitidos culturalmente a través de la enseñanza o la imitación, sino que llegaron a ser innata o genéticamente determinados».[3]

Cualquiera sea el origen de la aspiración de igualdad y el de la aspiración de justicia, la diferencia con la que uno y otro principio se realizan en el orden político es muy grande.

---

pasaría? Primero me impondrían una multa. Supongamos que me rehúso a pagar la multa. Se me amenazará con confiscar mis propiedades. Entonces supongamos que trato de proteger mi propiedad de los actos de los agentes del Congreso. Seguramente sería asesinado».

[3] Friedrich A. Von Hayek. «El atavismo de la justicia social» «The 9th R.C. Mills Memorial Lectura» dictada en la Universidad de Sydney el 6 de octubre de 1976, http://www.hacer.org/pdf/rev36_hayek.pdf

En el caso de la justicia, incorporada como pilar de la organización política, se la realiza a través de órganos independientes, siguiendo procedimientos establecidos, en base a principios estudiados y elaborados que se concretan en una norma individual llamada sentencia, que no regula la relación entre dos hombres sino sólo puntos específicos sometidos por las partes al proceso.

La igualdad se ejerce a través de declaraciones generales y la aplicación de controles políticos. Un ejemplo son las llamadas «constituciones sociales» y los tratados internacionales sobre la misma materia.

Si bien el avance del Estado sobre la vida de la sociedad en el siglo XX contamina las normas jurídicas de tendencias igualitarias y hasta se crea una rama del derecho como el derecho laboral, imbuido del principio igualitario, la vía judicial para la igualación sigue siendo una excepción y sólo ocurrió a través del positivismo jurídico y la atribución al Estado del poder de crear derecho por medio de actos de autoridad.

El derecho laboral como forma de hacer «algo más» que dar a cada uno lo suyo, no aparece como problema en la solución de conflictos particulares del derecho como orden espontáneo evolutivo.

La justicia humana no tiene por fin solucionar dificultades económicas. Así es que, nos enseña Bastiat, «el objeto de la ley no es servir para oprimir a las personas o expoliar la propiedad, aun con fines filantrópicos, cuanto que es su misión proteger la persona y la propiedad. Y que no se diga que puede por lo menos ser filantrópica con tal que se abstenga de toda opresión y de toda expoliación; eso es contradictorio. La ley no puede dejar de actuar sobre las personas o los bienes; si no los garantiza, los viola por el solo hecho de actuar, por el solo hecho de existir. La ley, es la justicia, algo claro, sencillo, perfectamente definido y delimitado, accesible a toda inteligencia y visible para todos los ojos, porque la justicia es determinable, inmutable, inalterable, que no puede ser admitida en más ni en menos... la fraternidad y la filantropía no tienen límites fijos como la justicia».[4]

A la justicia se le exige explicación, la elaboración de un silogismo perfecto que haga de la sentencia una derivación razonada del derecho y los hechos aplicables, la acumulación de pruebas y el cumplimiento de estrictos procedimientos. Y esto es así porque implica la directa acción del Estado sobre la vida de particulares. A la igualdad como principio alternativo no se le requiere lo mismo. La justicia se hace en los tribunales y la igualdad en los despachos políticos, sin consideración a la alteración sobre la vida de los particulares.

Un planteo espontáneo de Juan contra Pedro porque el último posee un patrimonio más abultado que el primero, no se ha dado jamás. Ese tipo de problemas en cambio se han resuelto entre personas particulares por medio de la violencia. Todo lo que no es justo o no puede ser defendido como tal, incluida la igualdad se conquista a través de la ley del más fuerte.

«The slaughter of nearly 200 million poor souls, not including war deaths, during the twentieth century was a direct result o the pursuit of visions of social justice, such as income equality, the common good, and the various alternatives to the so-called evils of capitalism».[5]

Atribuido el monopolio de la fuerza a un órgano, el más fuerte en la sociedad civilizada es el propio Estado. No es casual que el instrumento principal para la aplicación de medidas igualitaristas sea también el ente que debería resguardar derechos. No existen fuentes no políticas de igualación, como sí existen de derecho.

---

[4] Frederic Bastiat, *La Ley*, Centro de Estudios Económicos, 1982, p. 63.
[5] Walter E. Williams, *Social Justice*, The Freeman, julio 1998, p. 447. «La masacre de casi 200 millones de pobres almas, sin incluir las muertes en la guerra, durante el siglo XX fue un resultado directo o el ejercicio de visiones de justicia social, tales como la igualdad de ingresos, el bien común, y las distintas alternativas a los llamados males del capitalismo».

En el derecho esas fuentes son las normas evolutivas y la intervención legislativa es a lo sumo una imitación con la intensión de intervenir en la vida privada. Las instituciones jurídicas creadas a través de los contratos privados no encontrarán igualaciones.

Los igualitaristas dirán desde un punto de vista que esto es lógico teniendo en cuenta que el mercado produce las desigualdades, aunque éstas ya existen como punto de partida y la acción humana pacífica persigue la satisfacción de todos a partir de fuertes incentivos desigualando alternativas y por tanto patrimonios de quienes las siguen. Pero de cualquier modo no explicarán por qué los individuos realizan intercambios pacíficos en los que la igualdad no parece surgir como problema sino solo el mutuo beneficio.

Tampoco la justicia podría hacerse de un modo tan general. Ni podría realizarse la «justicia entre dos personas». Juan y Pedro tienen méritos distintos. A juicio de ellos mismos o de terceros podría afirmarse, con un conocimiento muy limitado de sus vidas, sus dificultades y los hechos que actuaron a favor o en contra de ellos, quién merece estar en una situación patrimonial mejor. Probablemente esos juicios no coincidirían y serían todos, incluidos los de ellos, en gran medida arbitrarios.

La justicia humana no requiere una operación tan amplia e imposible de realizar, sino que busca resolver criterios de solución de conflictos en particular, en base a reglas objetivas que sean universalmente válidas. Con esas limitaciones se puede resolver si Juan cumplió el contrato y por tanto Pedro debe pagarle por sus servicios la suma convenida, pero nunca si Juan merece ganar más dinero que Pedro.

La justicia humana dice sólo lo que puede decir y se asegura al no excederse de sus posibilidades, de no cometer una injusticia mayor a la que se intenta resolver por actuar a ciegas, lo que ocurriría si por ejemplo en el juicio entre Juan y Pedro el juez tratara de sopesar en base a su propia valoración subjetiva el mérito general de las partes en asuntos que no tienen relación siquiera con la relación entre ellas. Esto sería dar a César lo que es de Dios.

El igualitarismo es en cambio una tendencia que arrasa con los límites y en base a consideraciones generales pretende colocar a las personas en la misma posición por el sólo hecho de igualar sus ingresos o patrimonios.

A este género pertenecen las aseveraciones acerca de cómo está «distribuida» la riqueza en una sociedad. Juan, por ejemplo, gana diez veces más dinero que Pedro y aún cuando aceptáramos sin mayores preguntas que sería deseable que Juan y Pedro fueran iguales, es cuanto menos aventurado decir que igualar sus patrimonios o sus ingresos los igualaría, aún si circunscribiéramos las aspiraciones igualitarias a lo meramente monetario.

No sabemos nada sobre la desigualdad de sus costos, ni sobre la igualdad de sus consumos, ni sobre la igualdad con la que lidian con el azar, ni mucho menos sobre si el destino les depara un futuro igual. Y si saliéramos de lo crematístico para incursionar en otros terrenos, ignoramos cosas como sus aflicciones emocionales que tal vez requieran mayor inversión en distracciones. En otros términos, decir que la igualdad iguala es una enorme osadía.

Ni siquiera sobrevive el paradigma de que todos los «hombres nacen iguales». Cada uno de nosotros es una individualidad genética irrepetible, nacemos desiguales y las circunstancias posteriores, el contexto y la vida nos desigualan aún más. Somos desiguales en lo innato y en lo adquirido. Y tal vez en alguno de nosotros se esté produciendo la mutación que dará lugar a una nueva especie, mientras la descendencia de nuestros hermanos siga otro destino.

Henry Hazlitt nos proporciona un crudo ejemplo sobre las consecuencias de tales desigualdades: «A number of highly important practical consequences follow from this recognition of unequal endowments. One of them is inequality of treatment in many respects. It is not «just», but foolish, to try to give the same education to mentally retarded children and to exceptionally gifted children. We may be wasting our time on the former and failing to develop the potentialities of the latter. We may be hurting both. In that case we are being unjust to both. Similarly, we are wasting time and energy (our own and the others), as well as being unjust, when, ignoring natural endowments or propensities, we try to force a potential scientist to be an artist or a potential artist to be a scientist».[6]

Otra cuestión es el tratamiento igual en derecho, que desarrollo más adelante.

Pensemos en reglas de igualación de las sociedades modernas como el impuesto a las ganancias. ¿Se puede afirmar que diez pesos de ganancias afectan igual a la vida de Juan que la de Pedro? ¿Los precios relativos que afrontan son los mismos? ¿La pérdida de la sesión de psicoterapia para Pedro, afectado por alguna situación traumática es equiparable a la ganancia de Juan, beneficiado por la distribución? ¿Se sabe si lo que a Pedro le «sobra» hoy podría necesitarlo con urgencia minutos después? La igualación no puede operar sin producir todas estas paradojas al intentar concretarla.

---

[6] Henry Hazzlitt, *The Foundations of Morality*, The Foundation for Economic Education, 3.ª ed., p. 263. «Una serie de consecuencias prácticas muy importantes se derivan de este reconocimiento de la dotación desigual. Uno de ellos es la desigualdad de trato en muchos aspectos. No es» justo «sino tonto, tratar de dar la misma educación a los niños con retraso mental y niños superdotados. Podemos estar perdiendo el tiempo en los primeros y no desarrollar las potencialidades de estos últimos. Podríamos estar dañando a ambos. En este caso estaríamos siendo injustos con ambos. Del mismo modo, estamos perdiendo tiempo y energía (la nuestra y de los otros), además de ser injustos, cuando, haciendo caso omiso de las riquezas naturales o tendencias, tratamos de forzar a un potencial científico a ser artista o a un artista en potencia a ser científico».

Una vez aprendido que los valores en el mercado son subjetivos y que los precios son guías de la producción pero no expresiones de valores objetivos, se puede comprender que la igualdad de patrimonios no implica siquiera igualdad de riqueza, porque ésta, que es tan subjetiva como el valor, depende de lo que los bienes signifiquen en bienestar, en tranquilidad y en solución de problemas para cada uno y no de un número que refleje tan sólo su valuación comparativa en el mercado.

Igualdad vs. Justicia

No es compatible dar a cada uno lo suyo con dar a cada uno por igual. La igualdad es injusta y la justicia es desigual. Un principio debe sacrificarse por el otro.

Nozick nos dice que «No se puede simplemente suponer que la igualdad tenga que estar integrada en cualquier teoría de la justicia».[7] El sentimiento atávico de igualdad corre en realidad por un carril distinto. Los precios que resumen información sobre necesidades y urgencias incentivan el movimiento de las personas para satisfacerlas. La igualación patrimonial, llevada a su última instancia, tornaría inoperante al sistema de precios, porque dejarían de significar una oportunidad de ganancia.

Al sentimiento atávico se le opone por lo tanto la necesidad de Justicia. Dada la escasez como problema, el ser humano se ve compelido a producir lo que consume. El requerimiento de trabajo hace que deba premiarse el esfuerzo. En la abundancia del paraíso el esfuerzo no haría falta y por tanto tampoco la retribución. Pero en esta Tierra de necesidades insatisfechas en las que debe hacerse algo para sobrevivir, el ser humano necesita

---

[7] Robert Nozick, *Anarquía, Estado y Utopía*, Fondo de Cultura Económica, 1988, p. 228.

un sistema de premios y castigos por el cual el que produce se beneficie por hacerlo.

Dicho de otra manera, como no existe la mítica «torta» a ser repartida el valor a favor de la vida humana es la justicia y no la igualdad. Ni siquiera estoy entrando aquí en el terreno de la justificación de la propiedad privada que es un paso posterior, sino solo comparando un valor con otro y su relación con la supervivencia del ser humano.

El ser humano debe producir para satisfacer sus necesidades y por tanto la retribución (que propone Nozick) es el principio acorde con su realidad porque incentiva su supervivencia. La igualdad conduce a la quietud y la espera.

Mientras que la concepción nos inicia como seres distintos y desiguales, el otro extremo del período vital que es la muerte nos iguala de verdad. A la muerte no se llevan los bienes ni la herencia genética.

Una sociedad puede vivir permanentemente sobre la base del principio de justicia, restableciendo el orden cada vez que es quebrado. No así una que se sustente en el principio de la igualdad. Todo intento en ese sentido derivó en una organización política totalitaria donde la desigualdad se acentuaba en el plano político sin realizarla a nivel individual.

La justicia puede ser mantenida como principio permanente y ser reestablecida cada vez que se la altera. La igualdad no. Lo que se iguala hoy es un aspecto parcial, pero de todos modos la situación se pierde rápidamente no bien los individuos actúan.

La justicia para prevalecer sólo requiere respeto, es decir una abstención de tomar determinadas acciones que en si no limita nuestra posibilidad de sobrevivir e inclusive la aumenta. La abstención más importante es la de no utilizar la fuerza de modo ofensivo. La igualdad requiere la obligación de entregar el fruto del trabajo por parte de los proveedores y un ejercicio permanente y creciente de violencia colectiva porque opera en contra de la posibilidad de sobrevivir de quienes son saqueados.

La alternativa al estado totalitario que intenta uniformar a la sociedad, es el igualitarismo declarativo, que se conforma con expresiones de deseo porque nada se hace por establecer los supuestos «derechos» y que viven en un proceso de culpa que hace que habilita todo tipo de tropelías como formas de protesta «social» que no son castigadas.

La «justicia distributiva»

La idea de justicia distributiva por oposición a justicia conmutativa viene de Aristóteles. Alejandro Chafuen explica: «Señalaba Aristóteles que la justicia distributiva «tiene lugar en las distribuciones de honores o de riquezas o de otras cosas que puedan repartirse entre los miembros de la república...» Ahora bien, en la concepción aristotélica, lo justo en las distribuciones se logra cuando las mismas se realizan atendiendo el mérito. Asignar grados de mérito no es tarea fácil ya que «no todos entienden que el mérito sea el mismo. Los partidarios de la democracia entienden la libertad; los de la oligarquía, unos la riqueza, otros el linaje; los de la aristocracia la virtud». Los bienes privados, según Chafuen, no son objeto de esta justicia distributiva sino de la conmutativa.

Luego se refiere a Santo Tomás, Chafuen dice que en la *Secunda secundae,* Santo Tomás sintetizaba el pensamiento aristotélico de este modo: «Aristóteles establece dos partes o clases de justicia y dice que una dirige las distribuciones y la otra las conmutaciones. Como ya se ha dicho, la justicia particular se ordena a una persona privada, que respecto de la comunidad es como parte del todo. Ahora bien, toda parte puede ser considerada en un doble aspecto: uno, en la relación de parte a parte, al que corresponde en la vida social el orden de una persona privada a otra, y este orden es dirigido por la justicia conmutativa, consistente en los cambios que mutuamente se realizan entre dos personas. Otro es el del todo respecto de las partes, y a esta relación se asemeja el orden existente entre la comunidad y cada una de las personas individuales, este orden es dirigido por la justicia distributiva que reparte proporcionalmente los bienes comunes».

La justicia distributiva aristotélica es distinta a la idea actual de «justa distribución de la riqueza» inspirada por el principio de igualdad. En el supuesto aristotélico la igualdad existía previamente, la posición de cada uno frente a algo común, y lo justo era que el reparto de beneficios alcanzara a todos por igual.

Pero la utilización actual de la expresión «justicia distributiva» alude a la imposición de una igualdad que no existe. La justicia distributiva sería como una alternativa a la conmutativa. No la complementaría, sino que la contradiría tal como si «distributivamente» fuera injusto lo que es justo conmutativamente. Debemos decir, para que el lenguaje no sea contradictorio, que una cosa es la justicia y otra la igualdad, tal como he venido sosteniendo.

La justicia distributiva tal como se la entiende hoy en día, parte de la base de la existencia de una torta productiva que simplemente está ahí sin que nadie explique cómo apareció. Nozick señala que «Al escuchar el término «distribución», la mayoría de las personas supone que alguna cosa o mecanismo usa algún principio o criterio para hacer la distribución de cosas. Algún error pudo haberse colado en este proceso de distribución de las porciones».[8]

Hayek señala a su vez que «no puede haber justicia distributiva donde nadie distribuye. La justicia tiene sentido sólo como una regla de conducta humana y ninguna regla concebible para

---

[8] Robert Nozick, *Anarquía Estado y Utopía*, Fondo de Cultura Económica, p. 153.

la conducta de los individuos que se ofrecen entre sí, bienes y servicios en una economía de mercado producirá una distribución que pueda describirse con significado como justa o injusta».[9]

En igual sentido dirá Mises: «En la economía de mercado no hay fenómeno alguno que pueda considerarse distribución. Los bienes no son, primero, producidos y, luego, distribuidos, como sucedería bajo un orden socialista».[10] En el mercado, «el proceso formativo de los precios, invariablemente, es de condición social. Estructúrase sobre la base del recíproco actuar del conjunto de los miembros de la sociedad. Todo el mundo colabora, si bien cada uno desde aquel cometido que para sí se haya reservado en el marco de la división del trabajo. Compitiendo en la cooperación y cooperando al competir, todos contribuimos al resultado final, a estructurar los precios del mercado, a distribuir los factores de producción entre las diversas necesidades y a determinar la cuota en que cada uno satisfará las suyas. Estos tres objetivos, así conseguidos, en modo alguno constituyen tres dispares resultados; son sólo aspectos diferentes de un mismo fenómeno indivisible que, sin embargo, nuestro examen analítico, por facilitar las cosas, subdivide en partes. El triple objetivo se alcanza, en el mercado, «uno actu». Sólo aquellas gentes imbuidas de prejuicios socialistas, que no cesan de suspirar por los métodos típicos del colectivismo, pretenden, en los fenómenos del mercado, distinguir tres procesos diferentes: la determinación de los precios, la gestión del esfuerzo productivo y la distribución».[11]

Aclara más el punto Mises cuando niega la dualidad entre producción y distribución y hasta la existencia de bienes que

[9]   Friedrich A. von Hayek, *El atavismo de la justicia social*, The 9th R.C. Mills Memorial Lecture dictada en la Universidad de Sydney el 6 de octubre de 1976, http://www.hacer.org/pdf/rev36_hayek.pdf

[10]   Ludwig Von Mises, *La Acción Humana*, Unión Editorial, 3.ª ed. revisada, p. 393.

[11]   Ludwig von Mises, *Ibid.*, pp. 510-511.

primero se producen sin dueño, para ser distribuidos después: «Ficticia a todas luces resulta aquella imaginada apropiación de unas riquezas sin dueño. Todos los bienes, desde un principio, son siempre propiedad de alguien. Si se quiere redistribuirlos es obligado proceder previamente a su confiscación. El aparato estatal de compulsión y coerción puede, desde luego, lanzarse a todo género de expoliaciones y expropiaciones. Pero ello no prueba que un duradero y fecundo sistema de colaboración social pueda, sobre tal base, estructurarse»[12].

La primera pregunta entonces para hablar de «distribución de la riqueza» es si hay algo que distribuir. Al menos podríamos afirmar que la justicia distributiva no debería ir separada de la justicia productiva. Pero al hablar de justicia distributiva, se da por sentado la existencia de una producción espontánea y de un distribuidor inequitativo.

Todo se produce en realidad y no hay otra forma racional de que se «reparta» que no sea siguiendo un principio retributivo que es por definición justo. Para Alberdi «La justicia natural, regla común de los hechos morales, económicos y políticos de que consta la humana sociedad, la justicia divide y distribuye los beneficios de todos producto entre los agentes o fuerzas que concurren a su producción. Dar utilidades a los unos y excluir de ellas a los otros, sería contrario a la moral cristiana, que haciendo de todos el deber del trabajo, ha dado a todos el derecho de vivir de su producto».[13] Y más adelante agrega que la Constitución «ha querido que las riquezas, que son obra del trabajo combinado de todos los servicios productores, redunden en el bienestar y mejora de todos los que asisten a su producción, por medio de sus respectivos servicios… No haya esclavos, ha dado en esa virtud; es decir, no haya hombre-máquina, hombre-tierra,

---

[12] Ludwig von Mises, *Ibid.*, pp. 1159-1160.
[13] *Ibid.*, p. 96.

hombre-capital, que teniendo hambre gane el pan con su sudor para satisfacer el hambre de otro».[14]

La sola idea de «justicia distributiva» en el mercado es para Kirzner errónea y engañosa: «los ingresos se obtienen en el curso del proceso de producción mediante el que se descubre la tarta es un proceso de descubrimiento; o, por decirlo de otro modo, la tarta se produce en el curso del proceso mediante el cual se descubren los ingresos».[15]

En tal caso, la riqueza está distribuida entre quienes son capaces de descubrir las oportunidades que da el mercado, sea por su habilidad o por su suerte, los que están dentro del flujo de preferencias de los consumidores, que en determinadas oportunidades estarán allí sólo por suerte.

Nozick centra la cuestión de determinar si la riqueza está «bien o mal» distribuida en el procedimiento con el cual se la obtuvo. Nos habla de «justicia de las pertenencias».

Hay dos asuntos a considerar: El problema de la adquisición original («adquisición original de pertenencias») y el proceso de transmisión («justicia de la transferencia»):

1) Una persona que adquiere una pertenencia, de conformidad con el principio de justicia en la adquisición, tiene derecho a esa pertenencia.
2) Una persona que adquiere una pertenencia de conformidad con el principio de justicia en la transferencia, de algún otro con derecho a la pertenencia, tiene derecho a la pertenencia.
3) Nadie tiene derecho a una pertenencia excepto por aplicaciones (repetidas) de 1 y 2.[16]

---

[14] *Ibid.*, pp. 96 y 97.
[15] Israel M. Kirzner, *Creatividad, capitalismo y justicia distributiva*, Ediciones Folio, 1997, p. 53.
[16] Nozick, *Ibid.*, p. 154.

Nozick plantea una situación hipotética de igualación «ideal» que denomina D1 en la que todos poseen lo mismo. El domingo muchas de esas personas deciden gastar parte en ver a un deportista en juego, el que cobra una gran suma de dinero. Ahora estamos en una situación D2 en la que el deportista se encuentra en mejor posición que los espectadores. ¿Hay algo que corregir? ¿Si la situación D1 era justa, no es acaso la situación D2 justa?[17]

Pero hay algo más: Si llegar a D2 es impedido o estorbado o imposible, ¿acaso D1 vale lo mismo para todos los tenedores de riqueza igualitaria? Eliminado D2 como posibilidad, D1 es desigual, inferior para los ávidos espectadores del deportista, el valor relativo de las tenencias se ve alterado.

Nozick señala también que la pauta distributiva D1 se vería alterada si alguien en vez de gastar en sí mismo gastara en otro. Para mantener esa situación nadie debería ayudar a nadie con lo cual naufragan las intenciones de fraternidad del igualitarismo.[18]

Para Nozick un problema para los partidarios de la distribución es que ponen el acento en lo receptivo (el derecho de la persona a recibir determinada cosa) y pasan por alto a los transmisores y donadores (alteradores de D1 habría que agregar) que es lo mismo que pasar por alto productores y sus derechos. ¿Por qué? Se pregunta.

Cabría agregar dentro del mismo razonamiento que para que la pauta se mantenga lo único que la persona podría hacer es consumir lo que recibe en D1 y después morir.

Observa el filósofo austriaco también que en el mercado la riqueza se distribuye según un criterio retributivo que tiene que ver con preferencias y elecciones que realizan los individuos en sus intercambios voluntarios. Por tanto no es posible realizar un juicio ponderado acerca de cuanta riqueza debe tener una

---

[17] *Ibid.*, p. 164.
[18] *Ibid.*, p. 170.

persona. Si el procedimiento por el que se la obtuvo es justo y fue justa la adquisición original, nada hay de objetable en esa distribución.

Siguiendo estas pautas de Nozick y la realidad de unión entre producción y distribución, los precios son en el mercado pautas de distribución tanto como de producción, que reflejan elecciones individuales relacionadas con escasez relativa. La forma básica en que el mercado distribuye se denomina en términos jurídicos «pago».

No es posible introducirse en la justificación de las transacciones en sí que han sido libres y por ese motivo calificadas por Nozick de justas. Sobre ellas no puede hacerse un juicio moral porque el juicio corresponde a las partes de acuerdo a sus preferencias. Asumimos que las transacciones son justas, sin que nada objetivo pueda decirse sobre esos intercambios.

Igualdad de oportunidades

Lo dicho anteriormente contrasta con la idea de John Rawls, quien ofrece una visión alternativa de la igualdad. Reconoce la existencia de la escasez y la necesidad de que los méritos individuales actúen como motor de los premios y castigos.

Sin embargo postula, como forma de mantener la colaboración social, la idea de la «igualdad de oportunidades», unida al «principio de la diferencia» según el cual los menos exitosos estarían mejor que en cualquier forma de organización social alternativa. La primera se logra mediante desigualdades en las instituciones básicas de la sociedad a favor de los menos aventajados. La segunda mediante redistribución de la riqueza.

Si la visión de Rawls fuera correcta observaríamos que países que aseguren a sus ciudadanos educación y salud y hasta subsidios directos a la extrema indigencia, gozarían de plena colaboración de todos en el mantenimiento del sistema. Sin embargo podemos ver países en el que el reparto de riqueza se ejerce a diario donde los conflictos sociales se multiplican y producen rebeliones que a veces terminan con los gobiernos.

Algunos de los más pobres en una sociedad en la que impera la justicia, pueden con perfecta racionalidad suponer que utilizando la fuerza lograrían una posición mejor a la que tienen. No es el consenso de los suscriptores de un hipotético contrato social ni lo que hace de un sistema algo sólido, ni lo que lo hace justo. Podría inclusive demostrarse el error de los disconformes de no aceptar su situación como algo mejor a sus alternativas y que aún así la disconformidad continúe.

Para Rawls, «las desigualdades de riqueza y autoridad, sólo son justas si producen beneficios compensadores para todos y, en particular, para los miembros menos aventajados de la sociedad».[19]

La primera duda que surge de esta afirmación es cuál es el criterio de justicia que la sustenta. Si seguimos el principio de legitimidad en la adquisición y en las transferencias de Nozick no puede haber cuestión alguna a «compensar».

Compensar en este contexto implica que hay algo que está mal repartido que en vez de ser corregido, debe ser resarcido mediante otra cosa. Faltaría explicar bajo qué vara hay algo mal repartido y bajo qué vara se elige compensarlo, en vez de corregirlo.

Luego dice Rawls: «Que algunos deban tener menos con objeto de que otros prosperen puede ser ventajoso pero no es justo. Sin embargo, no hay justicia en que unos pocos obtengan mayores beneficios, con tal de que con ello mejore la situación de las personas menos afortunadas».[20]

La afirmación entra dentro del paradigma al que Hayeck denomina el «atavismo de la justicia social». Parte de la base de

---

[19] John Rawls, *A Theory of Justice*, p. 12, citado por Nozick, *Ibid.*, p. 189.
[20] *Ibid.*

la existencia de una riqueza dada como un regalo (cuyo error ya se explicó) y un reparto que resulta más ventajoso para uno que para otros.

La envidia como motor de la igualdad

Los principios que sigue Rawls tienen que ver con el mantenimiento de la colaboración, pero en el fondo se renuncia a realizar un juicio de valor. El sentimiento de los «menos aventajados» se toma como sinónimo de injusticia per se.

La herida en la autoestima explica por qué una persona puede preferir que otra no tenga un beneficio, aunque esa pérdida no implique para el la ganancia del beneficio en cuestión. Siguiendo a Nozick «Esta sería una explicación posible de por qué ciertas desigualdades en el ingreso, en la posición de autoridad de una industria o de un empresario comparado con sus empleados irritan tanto. No a causa del sentimiento de que esta posición superior es inmerecida, sino por el sentimiento de que es merecida y ganada».

Ayn Rand describe a la envidia como el elemento que marca el sentido de la vida en nuestra era: «The Western civilization had an Age of Reason and an Age of Enlightenment. In those periods, the quit for reason and enlightenment was the dominant intelectual drive and created a corresponding emotional atmosphere that fostered these values. Today we live in the Age of Envy.... Today, that emotion is leitmotif, the sense of life of our culture». En el mismo sentido que Nozick, define la envidia como «the hatred of the good for being the good. This hatred is not resentment against some prescribed view of the good with which one does not agree.... Hatred of the good for being the good means hatred of that which one regards as good by one's own (conscious or subconscious) judgment. It means hartred of a person for possessing a value or virtue one regards as desirable».[21]

También podemos recurrir a Rand para ver cuáles son las consecuencias sociales de este sentimiento «If you were bringing up a child, you would not punish him whenever he acted properly. What relationship can you have with the acting creatures, and what element do they introduce into social relationships?... The greatest danger in this issue is men's inability – or worse: inwillingness – fully to indentify it. It is understandable that men might seek to hide their vices from the eyes of people whose judgment they respect. But there are men who hide their virtues from the eyes of monsters. There are men who apologize for their own achievements, deride their own values, debase their own character – for the sake of pleasing those they know to be stupid, corrupt, malicious, evil».[22]

La igualdad y el deporte

La igualdad de oportunidades parece ser en Rawls el precio a pagar por el derecho a vivir libremente el resto de vida libre que queda después de pagar ese precio.

Una de las preguntas que surge es por qué motivo la oportunidad inicial es más importante que el resultado final. Esto se relaciona con la idea deportiva de competencia.

El resultado en el deporte debe ser solo consecuencia del enfrentamiento entre las partes, en el momento del partido o carrera. Diseccionamos todo elemento que haga que la cosa no se dirima en el terreno de juego, para disfrutar del enfrentamiento. Se les

---

[21] Ayn Rand, *The new left: the anti-industrial revolution*, Meridian, edición revisada 1970, p. 153.

[22] *Ibid.*, p. 158.

aplica «igualdad ante la ley» a los contendientes, porque las reglas de juego son iguales para todos, pero además se coloca el marcador en cero. Lo que nos aprestamos a ver como espectadores y lo que los contendientes disfrutan es demostrar sus habilidades (sus desigualdades) en el momento del juego.

En la sociedad las cosas son distintas. El fin no es disfrutar de un espectáculo. Los «contendientes» no son contendientes, sino colaboradores voluntarios. No hay ganadores de unos sobre otros, porque unos no obtienen victorias a costa de la derrota de otros (si no hubiera vencedores ni vencidos en el deporte no habría interés alguno). Y no hay «un partido» o «una carrera», sino vidas múltiples e independientes, con objetivos múltiples e inclusive cambiantes a lo largo del tiempo.

Dice Hayek: «El problema es que el producto agregado que ellos creen disponible para ser distribuido, existe sólo porque los retornos por los diferentes esfuerzos son ofrecidos por el mercado con poca consideración de merecimientos o necesidades, y son indispensables para atraer a los poseedores de información particular, medios materiales y habilidades personales especiales hacia los puntos donde puedan en cada momento aportar su mayor contribución».[23]

En el deporte la competencia es un fin en sí mismo. El enfrentamiento es lo que da sentido al juego. Hasta en el teatro, el aspecto agonal entre las fuerzas es el meollo de la estructura dramática. Pero en la vida la competencia es un aspecto parcial de un proceso básicamente de colaboración. No se compite con las personas con las que no se distribuye mediante precio (retribución), se compite con otros con los que uno no tiene trato. Imaginemos un partido de fútbol donde los equipos colaboren entre sí para que ambos tengan la mayor cantidad posible de goles. Carecería por completo de sentido.

---

[23] *Ibid.*, p. 9.

Hilando más fino, ni en la competencia deportiva hay igualdad de oportunidades a pesar de que el marcador parte de cero para todos los contendientes. Mises lo explica así: «No cabe confundir la competencia cataláctica con los combates de boxeo o los concursos de belleza. Mediante tales luchas y certámenes lo que se pretende es determinar quién sea el mejor boxeador o la muchacha más guapa. La función social de la competencia cataláctica, en cambio, no estriba en decidir quién sea el más listo, recompensándole con títulos y medallas. Lo único que se desea es garantizar la mejor satisfacción posible de los consumidores, dadas las específicas circunstancias económicas concurrentes».[24]

Podríamos prescindir de la expresión «se desea garantizar». Nadie es titular de ese deseo así como no existe organismo ni acto de distribución. Sería más correcto decir siguiendo al mismo Mises que el proceso se ve motivado por las acciones que emprenden los consumidores para satisfacer mejor sus necesidades, dadas las específicas circunstancias económicas.

Existe un salto lógico en el esquema de igualdad de oportunidades que consiste en cambiar el principio explicitado de una sociedad libre que permita la acción individual y el ganarse la vida, y la razia original que quita a unos sus pertenencias para asignarlas a otros bajo el principio igualitario. La igualdad aparece como una transacción, como un pago por la libertad, pero la igualdad (de oportunidades) también se presenta como algo justo. No puede ser justo bajo una misma vara el punto de partida y el desarrollo posterior de las desigualdades.

¿No deberíamos ocuparnos también de la igualdad de futuro? Supongamos que igualamos a Juan y Pedro en sus inicios. Pedro había nacido en un hogar con más dinero que Juan. Pero Pedro pierde una pierna después de que el proceso igualador tuvo lugar.

---

[24] Ludwig von Mises, *Ibid.*, p. 424.

La igualdad de oportunidades con el azar de la vida, lo dejó en una situación inferior.

Y si ampliamos el problema fuera del simple aspecto patrimonial de la igualdad el asunto se complica más. Pedro podría haber sido poco agraciado con las mujeres. Tal vez Juan se quede con su novia de la infancia y Pedro pase el resto de su vida solo, mientras tiene que gastar mayor cantidad de dinero para conocer a otras mujeres o para entretenerse.

La soledad de Pedro puede significarle mayor stress emocional, y por tanto requerir en su vejez mayores cuidados médicos. Es decir, por un lado hay otras cosas fortuitas a lo largo de la vida, infinitas cosas fortuitas, tantas que no se entiende por qué los igualadores de oportunidades creen que el único azar que debe evitarse es el que se da en el nacimiento. Por otro lado hay condiciones iniciales que no se igualan, ni podrían igualarse y que pueden tener tanta importancia económica como los recursos iniciales.

Necesidad vs. derecho

Bernard Williams, citado por Nozick a su vez, nos dice «Dejando aparte la medicina preventiva, el fundamento apropiado de la distribución de la atención médica es la mala salud: ésta es una verdad necesaria. Ahora bien, en muchísimas sociedades, mientras la mala salud funciona como condición necesaria para recibir tratamiento, no funciona como condición suficiente, puesto que estos tratamientos cuestan dinero, y no todos los que están enfermos tienen el dinero; de ahí que la posesión de dinero suficiente se convierte, de hecho, en condición necesaria adicional para, efectivamente, recibir el tratamiento... Cuando tenemos la situación en la que, por ejemplo, la riqueza es otra condición necesaria para recibir tratamiento médico, podemos aplicar una vez más las nociones de igualdad y desigualdad: ahora no con la desigualdad entre los enfermos ricos y los enfermos pobres, puesto que claramente tenemos la situación en la cual aquellos cuyas necesidades son las mismas no reciben el mismo tratamiento aunque las necesidades sean la base del tratamiento. Este es un estado de cosas irracional... es una situación en la cual las razones son insuficientemente operativas; es una situación insuficientemente controlada por razones —y, por ende, por la razón misma—».[25]

La necesidad es para Williams el criterio adecuado para recibir atención médica. Nozick se pregunta «por qué el fin interno de la actividad debe preceder, por ejemplo, al propósito particular de la persona en realizar la actividad?».[26] Da como ejemplo el caso de un barbero que podría necesitar distribuir sus servicios entre aquellos de sus clientes que sean mejores conversadores o los que le paguen más para poder realizar sus estudios en la universidad. La distribución de su riqueza, en este caso un servicio, podría hacerse en base a la necesidad de los clientes o en base a la necesidad del propio barbero.

Lo curioso de la afirmación de Williams es que no advierte que el «tener más dinero» y recibir mejor atención médica son dos caras de una misma moneda.

Es por definición que los ricos tienen más y mejores cosas. No es posible imaginar el paradigma de Williams en que los ricos y los pobres vivan igual, porque entonces ni los ricos ni los pobres serían tales. No es que exista el problema de la diferencia de riqueza entre uno y otro por un lado y por otro el problema de cómo accede cada uno a un servicio determinado. Ambos problemas son el mismo problema.

El otro punto débil de esta argumentación es que si las necesidades son la vara ética de las relaciones económicas, el dinero

---

[25] Bernard Williams, *The idea of Equality*, pp. 121-122, citado por Nozick, *Ibid.*, p. 229.
[26] *Ibid.*, p. 229.

es mejor instrumento para responder a ellas que una política de redistribución. El dinero, los precios, son señales que informan sobre las necesidades y hasta el momento no se ha inventado un modo mejor de hacerlo. La gratuidad, por el contrario, es la señal de que algo sobra.

Una actividad previa hizo posible que el hospital existiera. Pudo habérselo construido bajo un sistema de justicia en el que distintas retribuciones atrajeron trabajo para su construcción y puesta en funcionamiento. También pudo habérselo construido mediante esclavos expresos por trabajos forzados o por esclavos implícitos apoderándose del fruto del trabajo de unos mediante impuestos. En el primer caso, no puede otorgarse el servicio hospitalario obligando al prestador coactivamente sin romper el principio bajo el cual fue posible que el hospital existiera.

Si el hospital se hubiera hecho bajo algún género de esclavitud, el otorgamiento gratuito sería acorde a las reglas éticas practicadas para hacer el hospital y la conclusión sería la validez de apoderarse de lo que se necesita aún a costa de los demás.

Las necesidades son ilimitadas. Si ellas dan derechos y para satisfacerlas es necesario trabajar, entonces significa que las necesidades ilimitadas de las personas deben ser descargadas sobre otras que serán obligadas a producir por la fuerza. En consecuencia si las necesidades son derechos, el estado se encuentra habilitado para ejercer una violencia ilimitada.

Basándonos en la necesidad, sin embargo, podríamos decir que en el caso particular de Juan que llega al hospital de Pedro sin plata, en el que se obliga a Pedro a atenderlo contra su voluntad, se ha hecho un acto que sin demasiado costo para Pedro resuelve el costo de Juan. Es justo que nos lo plantemos en estos términos porque posiblemente no todo el mundo estaría dispuesto a llegar a extremos de la necesidad gobernando al mundo, pero si están dispuestos a «pequeñas» traiciones al principio.

Pero aún con ese grado de tolerancia subsisten problemas graves: ¿qué sabemos de Juan y de Pedro? ¿Juan hace algo para salir de su situación? ¿Acaso perdió su fortuna en el juego? ¿Su falta de recursos es permanente o transitoria, y si es transitoria debería comprometerse a pagar a mejor fortuna? En cuanto a Pedro ¿Cuál es la situación financiera del hospital? ¿Puede afrontar el costo del tratamiento de Juan sin afectar a otros pacientes?

Pero la mayor debilidad de la proposición de Williams es que se basa en la necesidad como fuente de derechos. La necesidad nunca puede servir de fundamento para la distribución de beneficios en primer lugar porque implica desconocer una condición de la realidad que circunda al hombre que le es tan inexorable como la ley de gravedad: la escasez. Las necesidades son infinitas y los recursos escasos. Si esa condición mágicamente desapareciera ni siquiera haría falta plantearse los problemas de Juan y de Pedro porque ambos tendrían lo que quieren sin desmedro para el otro.

Bajo esa condición de escasez, debe considerarse un mérito para la asignación de lo poco que hay, en este caso servicios hospitalarios disponibles, entre todos los que lo requieren. La igualdad como criterio, si se lo intentara aplicar seriamente, conduciría a la pronta desaparición de los servicios para todos. Y si se lo aplica como en la realidad ocurre, es decir a medias, ocurre lo que vemos la mayor parte de las veces: el servicio es altamente deficiente, y el acceso a él se ve de hecho vedado por falta de turnos o camas, lo que lleva a largas esperas. El señor Williams tendría que quejarse entonces de que sus seguidores, por seguirlo, hubieran hecho más palpable aún la diferencia de servicios de salud que recibe un pobre y un rico.

La necesidad está presente siempre. Es un presupuesto del problema. La gratuidad es una forma de evadirlo. El costo se traslada a otro lado, sin consideración del daño que se causa allí, sin producción que lo compense, o el bien o servicio «regalado» se deteriora.

Sin necesidades no nos plantearíamos no sólo el problema de la igualdad, sino tampoco el de la justicia.

Los discos compactos de cumbia están «mal distribuidos. En mi casa no hay uno solo, mientras que en la casa de alguna persona tal vez haya cien. Hay desigualdad, pero no hay necesidad; no hay quejas al respecto. Si me regalan una caja con cien compactos con esa «música» y entran ladrones a mi casa a llevárselos, o el gobierno produce una confiscación de estos discos, tampoco habría quejas. La necesidad nada nos esclarece sobre la elección entre la igualdad y la justicia.

Otro punto a observar es qué ocurre cuando los bienes y servicios no son distribuidos por precio mediante el sistema retributivo; cuál es la forma alternativa como se distribuyen esos bienes y servicios.

Supongamos que alguien produce determinados bienes y el gobierno los confisca para su distribución. La solución es una combinación de dos posibilidades: o los bienes se otorgan a los primeros que llegan (largas colas) o se reparten arbitrariamente por actos de autoridad. En el primer caso, los últimos se quedarán sin nada (necesidades insatisfechas), en el segundo el precio se trasladará del productor al repartidor bajo la forma de corrupción. La corrupción se convierte en un precio oculto que al contrario del precio libre no interferido, no sirve como señal para aumentar la producción. Si en cambio como invitación a aumentar la corrupción.

Volvemos una y otra vez al mismo punto de partida: «Una distribución es justa si surge de otra distribución justa a través de medios legítimos».[27]

Otro aspecto que el distribucionismo ignora, consecuencia a su vez de desconocer el proceso productivo, es que en los intercambios voluntarios se dan dos beneficios. Una parte obtiene

---

[27] *Ibid.*, p. 154.

un bien o servicio a cambio de dinero que a su vez sirve para adquirir bienes o servicios. Una parte de esos bienes o servicios se consumen, otros se acumulan. La riqueza es lo que no se consumió, pero no es el bienestar en sí, que puede ser mayor en el que más consumió y por tanto menos conserva. Y si la distribución se realiza grabando el consumo, Juan, que ha despilfarrado su fortuna y cuyos bienes han sido en buena parte distribuidos podría verse en la situación que alarma a Williams antes de tiempo.

Tendencias igualitarias en el derecho internacional

Después de las dos grandes guerras se le dio gran impulso a la creación de organismos internacionales que permitieran un ámbito de negociación multilateral para el mantenimiento de la paz. En los intentos por encontrar entendimientos básicos, con lenguaje diplomático y por vía de negociación se pretendió hacer alguna expresión de derechos que conformara a regímenes que no tenían ningún respeto por la libertad humana. Esa fue la forma en que se llegó a la primera declaración de «derechos humanos» que fue como se los empezó a conocer al crearse las Naciones Unidas, haciendo hincapié en esa pretensión de universalidad.

Este y otros múltiples tratados posteriores fueron durante mucho tiempo meras declaraciones y expresiones de deseos que se unieron a otra tendencia llamada «constitucionalismo social» que en el derecho interno de los países consagraban «derechos» a la «redistribución» de la producción, pero a partir de la tendencia de las últimas décadas a permitir al derecho internacional entrometerse en la vida de los estados y la búsqueda de quitar freno a las jurisdicciones internas cuando se trata de estos «derechos humanos» (sobre todo en materia penal, basándose en las doctrinas de los Tribunales de Nüremberg), estas declaraciones adquieren una significación jurídica que antes no tenían.

La propia Constitución argentina en el año 1994 incorpora los tratados internacionales de derechos humanos como parte integrante del orden constitucional interno.

Las tendencias igualitaristas por lo tanto se acentúan y crecen en intensidad, dando lugar a mayores pretensiones de llevarlas a cabo. Veamos que dice esa primera declaración que fue la Declaración Universal de los derechos del hombre:

En el artículo 22 expresa que «Toda persona, como miembro de la sociedad, tiene derecho a la seguridad social, y a obtener, mediante el esfuerzo nacional y la cooperación internacional, habida cuenta de la organización y los recursos de cada Estado, la satisfacción de los derechos económicos, sociales y culturales, indispensables a su dignidad y al libre desarrollo de su personalidad.»[28]

Estas declaraciones y otras similares prescinden por completo de cualquier juicio respecto a la justicia de la adquisición y a la de la forma en que fueron transferidas esas riquezas como la plantea Nozick. Transformados en operativos tales «derechos», sus beneficiarios serán a su vez adquirentes sin justificación en los términos del filósofo austriaco.

Esta es una característica general de las políticas redistributivas. No existe indagación de su costo. No se mide siquiera la consecuencia de la extracción de la riqueza sobre la vida de los que resultan extraídos. Se desconoce por completo en qué circunstancias se encuentran esas personas.

Mucho menos se considera el costo de la operación de igualación. En cambio el costo de un reclamo basado en justicia se encuentra en gran medida internalizado. Un actor de un pleito mide primero si la acción que va a emprender podría resultarle más costosa que la injusticia que desea reparar.

---

[28] Declaración Universal de los derechos del hombre (1948).

Los distintos tratados internacionales sobre la materia establecen una cantidad interminable de «nuevos derechos» sobre lo ajeno sin preocupación por la forma de adquisición: al trabajo, en condiciones equitativas y satisfactorias de trabajo, a la protección contra el desempleo, a igual salario por trabajo igual, una remuneración equitativa y satisfactoria, que le asegure, así como a su familia, una existencia conforme a la dignidad humana y que será completada, en caso necesario, por cualesquiera otros medios de protección social, al descanso, al disfrute del tiempo libre, a una limitación razonable de la duración del trabajo y a vacaciones periódicas pagadas, a un nivel de vida adecuado que le asegure, así como a su familia, la salud y el bienestar, y en especial la alimentación, el vestido, la vivienda, la asistencia médica y los servicios sociales necesarios, a los seguros en caso de desempleo, enfermedad, invalidez, viudez, vejez u otros casos de pérdida de sus medios de subsistencia por circunstancias independientes de su voluntad, la maternidad y la infancia tienen derecho a cuidados, a la educación gratuita, etc.

Esa convención internacional, como muchas otras se contradicen gravemente cuando condenan la esclavitud. En el artículo 4 la Declaración Universal de los derechos del Hombre se determina que «Nadie estará sometido a esclavitud ni a servidumbre, la esclavitud y la trata de esclavos están prohibidas en todas sus formas». La posesión del amo sobre el siervo se manifiesta en el aprovechamiento por parte del primero de los frutos de su trabajo.

Inconscientes las personas comunes de las implicancias éticas de los supuestos derechos igualitaristas y de los medios utilizados para su obtención, se dejan seducir por aparentes buenas intenciones. Los llamados derechos sociales sobreviven por la ignorancia general al respecto.

Fuertes y débiles

En el estado salvaje rige la ley del más fuerte. La civilización contrarresta esa ley vedando el inicio del uso de la fuerza. Las debilidades y fortalezas se neutralizan y la prevalencia se da en las habilidades para obtener la colaboración de otras personas, colaborando a su vez con ellas.

Bajo ningún punto de vista podríamos asimilar esas habilidades con el uso de la fuerza. Las habilidades sirven para prevalecer sólo cuando la fuerza ha sido excluida. ¿Por qué deberíamos aceptar la prevalencia por habilidades cuando no lo hacemos por fuerza? Porque no lo hacemos para igualar.

Sin embargo es habitual que se use el término «fuerte» para referir al exitoso en el mercado y «débil» al menos exitoso. Este es un juego metafórico que conlleva una trampa moral destinada en realidad a contrarrestar habilidad con fuerza y a asimilar derecho a la defensa con ética de la envidia.

El derecho de propiedad y la acumulación de riqueza dependen del no uso de la fuerza. Una gran empresa se sostiene pese a su debilidad relativa respecto a una cantidad mayor de personas menos aventajadas. Un propietario de una gran extensión de tierra disfruta de sus bienes, pese a que es más débil que el resto de sus congéneres juntos. La riqueza es débil y por eso se dice que el capital es cobarde.

Contraponerle fuerza a la habilidad, no puede ser defendido bajo de un punto de vista ético. El azar podría haber favorecido al dueño de la tierra por haber ganado la lotería, pero el azar tampoco es fuerza, ni es injusto porque no es un hecho del hombre.

Igualdad y esclavitud

La esclavitud viola el principio de ley igual para todos. Coloca a determinadas personas por su raza o cualquier otra circunstancia, al nivel de una cosa a ser poseída por otro.

El igualitarismo en cambio y paradójicamente reinventa la esclavitud y la vuelve a hacer regir bajo otro formato. En Sistema Económico y Rentístico Alberdi ilustra este punto: «No se podría concebir libertad de una especie para producir un valor y libertad de una especie para aprovechar el valor producido. El principio de igualdad, f.g., que reconoce en todos el derecho al trabajo, o, lo que es igual, a producir valor, no podría desconocer el mismo derecho a aprovechar de la utilidad correspondiente a su producción. El derecho al trabajo, v.g., está tan ligado al derecho al producto o resultado del trabajo, que no son más que un solo derecho considerado bajo dos aspectos. Sólo la iniquidad ha podido admitir el uno y desconocer el otro; Sólo la iniquidad ha podido admitir el uno y desconocer el otro; sólo ella ha desconocido el derecho al trabajo, para disputar el de optar a sus provechos».[29]

---

[29] Juan Bautista Alberdi, *Sistema Económico y Rentístico de la Constitución de 1853*, Escuela para la Educación Económica, 1997, p. 96

Capítulo IX

IGUAL DE IGNORANTES

El diario La Nación de Argentina publica el 14 de Mayo de 2006 una investigación con el título «Más de 720.000 alumnos no concurren a la escuela» que señala que el 8% de personas en edad escolar no concurren a la escuela.

En el cuerpo de la nota se señala que «a este preocupante diagnóstico se suma un rasgo distintivo y desafortunado: la profunda desigualdad educativa entre las distintas jurisdicciones». El ministro de educación Daniel Filmus reforzaba la misma inquietud al indicar que la desigualdad educativa (provocada según él por las políticas de la «década del noventa») era principal preocupación de su cartera.

¿Pero cuál es el problema en sí con la desigualdad educativa? ¿Qué le suma a alguien que recibe una pésima educación el dato de que los demás se encuentren en la misma situación? La riqueza educativa de unos no es consecuencia ni tiene relación con la pobreza educativa de otros. Por el contrario, es una ventaja estar rodeado de gente más inteligente, mejor preparada para la vida y más culta que uno. Y una gran desventaja sería lo contrario.

Es de una gran pobreza intelectual que un ministro de «educación» esté preocupado por igualar a los estudiantes, en lugar de estarlo por elevar el nivel de la enseñanza. Y si unos avanzan más rápido y mejor que otros, pues es una buena noticia no solo para ellos sino para los que avanzan menos que ellos también. Porque no vivimos solo de lo que tenemos sino también de lo que tienen y ofrecen los demás. Si hubiera sido por mi propia educación, nunca hubiera tenido cosas mágicas como los televisores ni hubiera conseguido viajar en un avión. Qué suerte que la educación en el mundo no fue manejada por el ministro Filmus con los criterios éticos del diario La Nación porque entonces nadie me hubiera superado. Y entre otras consecuencias nocivas para mí, jamás hubiera tenido la oportunidad de tener cosas como un blog o un espacio en YouTube, fruto de la inventiva de gente my aventajada en relación a mí.

La igualdad es un falso valor. El ser humano libre actúa y en ese mismo momento se «desiguala» del resto. El ser humano se gana el pan con el sudor de su frente. Ese sudor lo desiguala. Sólo bajo reglas de juego de saqueo la riqueza es un problema. La pobreza preocupa a quienes aspiran al progreso humano, la riqueza preocupa a los envidiosos.

El aspecto más nocivo de la nota es que ese falso valor se le inculca al 92% que no deserta de la escuela. Lo sostienen los más «educados» de la sociedad, no los ignorantes. Saber más de malas ideas es peor que la ignorancia. La «educación» en el sentido de «cualquier educación», también es un falso valor.

Capítulo X

LA LIBERTAD Y LO PROPIO*

El primer motor inmóvil de la Justicia

La idea de que somos seres independientes que obramos en función de valores propios, con metas cada uno distintas, con relaciones afectivas, ideas particulares, que cada uno de nosotros es a la vez similar en naturaleza y muy diverso, la aceptación de que lo que puede ser bueno para nosotros puede no serlo para el prójimo. El aprendizaje de que la pérdida de aceptar que el otro es otro y está para complacerse a sí mismo más que para complacernos a nosotros, es más que compensada por la riqueza (en un sentido amplio) que se obtiene en los intercambios. Todo eso es la libertad.

La afirmación de uno mismo es sencilla de comprender. La aceptación de que los demás también se afirman es un tanto más compleja. Es fácil de decir que algo es propio. Más complejo es entender que así como está lo propio (de uno) está también lo propio de otro. Aceptar al otro es aceptar la idea de propiedad, que se adquiere universalizando el concepto de que algo es propio nuestro bajo la forma de una norma que elimine el uso de la coacción. Es impensable una vida independiente sin propiedad.

En una oportunidad me reencontré con un antiguo compañero de estudios con el que solía discutir ideas políticas gracias a uno

---

* Mención honorífica, IV Concurso Caminos de la Libertad, México 2009.

de esos encuentros virtuales en Internet. Lo recordaba porque
nunca estábamos de acuerdo en los temas en los que debatíamos;
él con su visión socialista y yo con la mía liberal. Los años habían
pasado pero las posiciones no se habían acercado.

En su caso estaba más que nada interesado en retomar esas
antiguas discusiones y me prometía nuevas respuestas y argumentos. Lo que quería debatir conmigo ahora era al derecho
mismo de propiedad y para eso se proponía responder las premisas y conclusiones de John Locke en el capítulo V del Segundo Tratado del Derecho Civil. Me prometió que destruiría ese
razonamiento.

Aunque no tenía demasiado interés en transformar el encuentro en una reedición de viejas rencillas estudiantiles, no hubo más
remedio. Mi ex compañero estaba listo para ocuparse de Locke
y no quería esperar. Se desilusionó mucho cuando comencé por
aclararle que tampoco me convencía la justificación lockeana de la
propiedad. Me parecía vana la pretensión de explicar la situación
ética de un primer apropiador.

La aclaración no fue suficiente para que quisiera continuar con
lo que tenía preparado, ni estaba interesado en interrogarme acerca de cómo se justificaba en mi opinión el derecho de propiedad.
En lugar de eso me sugirió que debería aceptar esa explicación
de la propiedad, para que él pudiera a su vez responderla.

La sorpresa esta vez fue mía. Algo similar me había ocurrido
años antes cuando un amigo brasilero quería justificar medidas
proteccionistas de su país hacia las exportaciones de la «industria
nacional argentina» y le respondí que entendía que el concepto
de «industria nacional argentina» era falso. Casi me rogó que
me hiciera nacionalista para que pudiera seguir con su discurso.

Tan poco creyente era mi ex compañero de la idea de propiedad que tampoco concebía la posibilidad de que tuviera una
idea propia sobre ese asunto. Pensé que el debate terminaría. Su
propuesta me había dado varias ideas para escribir este ensayo

que podía exponerle, pero si sólo estaba dispuesto a discutir a Locke la continuidad del encuentro parecía improductiva.

Le expresé mi pesar por defraudarlo al no sostener a Locke en ese punto y traté de terminar la polémica por una vía más sencilla. Mi interlocutor estaba muy bien impresionado por el «Movimiento de los sin Tierra» brasileño, que en su momento lideraba quien luego sería presidente de aquél país, Ignacio Lula da Silva. El grupo se había dedicado mucho tiempo a la ocupación de hecho de llamados «latifundios».

Desde la idea de John Locke de partir del derecho sobre el propio cuerpo y la aplicación del trabajo individual a un recurso que llevaba según él al reconocimiento del derecho de propiedad, me preguntó qué pasaba si el liderara un movimiento de esa naturaleza para ocupar tierras que fueran mías. Y la discusión a la que no quería llegar empezó. Mi respuesta fue que la primera medida que tomaría sería contar las fuerzas que tenía a mi disposición para ver si podría resistir. Si podía vencerlos, lo haría, caso contrario, negociaría.

Estuvo de acuerdo en negociar, así que comenzaron las tratativas. Le hice una propuesta que no podría resistir. De mis 1.000 supuestas hectáreas me quedaría con 50 metros cuadrados y le daría a él todo el resto. Le pregunté si le parecía «justo» el arreglo. Lo aceptó, pero debo confesar que si no hubiera estado de acuerdo hubiera cedido más. Le anuncié entonces el nacimiento de la propiedad privada. Sin que ningún primer poseedor hubiera ayudado a resolver nuestras diferencias.

Mi «atacante» no sabía nada de mis títulos, yo sabía que él no tenía ninguno, al menos no lo había invocado. En la cadena de intercambios desde el primer poseedor hacia mí, ignorábamos todos los errores, fraudes y malos entendidos que hubiera habido. Sin embargo había nacido la propiedad en el aquí y ahora, en beneficio mutuo y sin haber rozado siquiera la idea de igualdad. Más sorpresa de su parte.

Supuse que con eso pasaríamos a otros temas, pero no se dio por vencido, afirmó que ese acuerdo al que acabábamos de llegar no era estable.

Le señalé entonces que su problema no era por lo tanto con la propiedad, sino que su propósito era quedarse con mi trabajo, algo con lo que Locke bastaría para responderle. Por qué hablarme de «justificación» si no reconocía mi existencia bajo ninguna condición. Solo cabía el conflicto permanente o la sumisión.

La única razón por la que el nacimiento de la propiedad se malogró esa tarde entre nosotros fue que al arreglo inicial quería sumarle la arbitrariedad de esperar a ver cómo me resultaba el aprovechamiento de mi pequeña parcela y a él su enorme espacio. La aplicación de la razón, diría Locke y el aprovechamiento de los resultados de la propia acción; ese era el fruto apetecido por este socialista. De mi parte había entregado todo, sin siquiera pedir la «igualdad» que tanto preocupa a John Rawls[1] y sus seguidores, pero no era suficiente. Su propósito era que no hubiera una regla. Y si no había una regla ¿cómo podía sustentarse la idea de «justificación»?

Mi amigo siguió siendo socialista y yo seguí siendo liberal. Habíamos malogrado el encuentro, pero me sirvió para seguir pensando sobre esta cuestión y proponer lo que a mi juicio es la respuesta a la pregunta de «cómo se justifica la propiedad».

«No me contentaré con responder a ello que si hubiere de resultar difícil deducir la «propiedad» de la suposición que Dios diera la tierra a Adán y su posteridad en común, sería imposible que hombre alguno, salvo un monarca universal, pudiese tener «propiedad» alguna dada la otra hipótesis, esto es, que Dios hubiese dado el mundo a Adán y a sus herederos por sucesión,

---

[1] Al respecto ver *Teoría de la Justicia* de John Rawls y su explicación arbitraria de qué regla elegiríamos si no supiéramos el lugar que nos tocaría en la sociedad al nacer. Es Rawls quién elige por nosotros.

exclusivamente de todo el resto de su posteridad. Intentaré también demostrar cómo los hombres pueden llegar a tener propiedad, en distintas partes, de lo que Dios otorgó a la humanidad en común, y ello sin ninguna avenencia expresa de todos los comuneros».

El argumento tiene un trasfondo religioso. Podría seguirse por ese camino, no estoy en condiciones de negar que haya una deidad que habilite el derecho de propiedad o alguna que disponga que debemos vivir bajo una comunidad de bienes. Pero lo más importante es que menos podría afirmarlo, de manera que este camino lo dejo fuera.

Me olvido entonces de Adan y también de buscar excepciones a la «regla» de la «comunidad de bienes», o explicaciones acerca de cuándo esa comunidad por orden divino termina para que nazca la propiedad. Mi propósito más bien es encontrar una regla general que traspase lo religioso y no encuentro razón para creer que en el punto de partida de esa tarea se encuentre la mencionada «comunidad de bienes». Se trata de un mero dogma, no constatable. No encuentro pruebas de que sea así.

La apropiación es al contrario el impulso vital de la especie humana, si no de la vida. El modo en que el ser humano se conduce en sus acciones individuales en búsqueda de su propia supervivencia, con olvido, o sin consideración de la suerte de sus «hermanos». En la rutina de la supervivencia el individuo traba relaciones y compromisos, no en general con la «humanidad» sino con personas en particular a las que elije, o con las cuales intercambia. Tales compromisos son de distintas calidades y de distintas intensidades. Los vínculos tienen diferente valor para cada persona, inclusive para cada una de las involucradas en un mismo vínculo.

La comunidad de bienes inicial no se ve en ninguna parte. La tradición judeo-cristiana la acota a la humanidad. Otras versiones místicas más modernas, pero no reconocidas como tales como la «ecología» incluyen a los animales y a las plantas. Pero ninguna comunidad general se da ni se ha dado jamás.

Los países, las ciudades, las familias dividen a la humanidad. El bien «de la humanidad» no está en la agenda de nadie. A lo sumo el bien grupal, usando la idea de comunidad general de un modo parcial, aunque sea una contradicción.

En realidad la idea de comunidad no ha pasado de ser una mera invocación para explicar el despojo de bienes para beneficio de un grupo o persona que decide, nunca la «humanidad» como tal ha sido la beneficiaria, al mismo estilo que el procedimiento que quedó al desnudo en el pequeño debate con mi compañero de facultad. Si no se obtuviera algún beneficio particular de invocar al conjunto, nadie lo haría.

No se puede poseer, ni menos ser propietario en un sentido más estricto, sin siquiera conocer. Cuando se discute la propiedad, aún con fundamentos socialistas, se cuestionan los derechos sobre bienes conocidos, inclusive bienes ya conocidos como tales. Ningún vínculo hay entre los individuos y aquellos bienes de cuya existencia ni está enterado, menos con aquellos que otras generaciones han consumido para su propio y exclusivo provecho.

En tiempos de Locke había más petróleo que en la actualidad. Imposible considerar que se trataba de un «bien» sin que se hubiera inventado primero el motor a explosión. Y ese petróleo no era poseído, ni considerado útil, ni querido por nadie. No era propiedad ni de alguien ni de todos.

El problema de Locke en su análisis de la propiedad, se encuentra en el punto de partida. Sin querer entrar en el terreno religioso, si Dios hubiera ordenado que todo es de todos solo bastaría cumplirlo.

Sin embargo el pensador inglés nos dirá que lo que aquél nos otorga en común para satisfacer nuestras necesidades será necesario aplicarle la razón, por lo que resultaría justo en consecuencia que ese esfuerzo sea recompensado con la apropiación.

Además, continúa, uno es «propio» de sí mismo, de su cuerpo antes que nada. Su trabajo es su cuerpo. Al combinar su trabajo con la naturaleza nacería la legitimidad de la propiedad.

Ese agregado «propio» alcanza para excluir a otros hombres. Se pregunta cuándo la bellota recogida del suelo se convierte en suya para quien la levanta. ¿Cuando la toma?, ¿cuando la come?, ¿cuando la digiere? No necesita el asentimiento de toda la humanidad, señala Locke.

Recordemos que está tratando de elaborar la excepción a la regla de la comunidad. Pero el individuo no levanta la bellota como un robo a la humanidad. Lo hace para vivir, inclusive contra «lo que quiera el mundo». La bellota que no sabe, ni tiene por qué saber, si sus congéneres pudieran aprovecharla o «necesitarla» más. Si le dijeran que en el orden universal está prevista su desaparición, él igual levantaría la bellota y la comería si no encuentra un motivo mejor para renunciar a ella. Un motivo podría ser por ejemplo que el fruto se encuentre ya en posesión de otro hombre y entienda que respetar esa situación conlleva el beneficio de tener intercambios de cualquier tipo con ese hombre. Hasta la bellota podría obtenerse ofreciendo algo a cambio. Pero me estoy adelantando a la conclusión.

Para Locke el consentimiento de la humanidad no es requerido, pero por una cuestión ad hoc:

«Si tal consentimiento fuese necesario ya habría perecido el hombre de inanición, a pesar de la abundancia que Dios le diera. Vemos en los comunes, que siguen por convenio en tal estado, que es tomando una parte cualquiera de lo común y removiéndolo del estado en que lo dejara la naturaleza como empieza la propiedad, sin la cual lo común no fuera utilizable. Y el apoderamiento de esta o aquella parte no depende del consentimiento expreso de todos los comuneros. Así la hierba que mi caballo arrancó, los tepes que cortó mi sirviente y la mena que excavé en cualquier lugar en que a ellos tuviere derecho en común con otros, se convierte en mi propiedad sin asignación o consentimiento de nadie. El trabajo, que fue mío, al removerlos del estado común en que se hallaban, hincó en ellos mi propiedad».

La propiedad privada podría ser entonces la alternativa a la comunidad de bienes porque si no pereceríamos. Algo que es cierto. Pero el razonamiento más que una excepción a la regla parece ser una lección de economía que contradiría al propio Dios invocado.

Lo cierto es que no puede afirmarse que la comunidad sea la situación ética por defecto, sino el individuo apropiándose y actuando para sobrevivir y desarrollarse. Creando bienes de capital como un arco y una flecha. Cediendo cosas a favor de otros que son de su grupo de relación. Es decir, intercambiando, incorporando a los otros dentro de su escala de valores, sin demasiada distinción en cuanto a si lo dado y recibido pertenecen a un orden «material» o «espiritual».

Del mismo modo no podríamos sustentar el «derecho a vivir» recurriendo a la situación ética de un hipotético primer ser humano, que podemos decir que habrá eliminado otros organismos y los habrá descompuesto y sintetizado para hacerlos parte de su cuerpo. Menos usar ese procedimiento para explicar el asesinato en el aquí y ahora.

Puede el individuo poseedor de hecho ceder como consecuencia de un impulso afectivo, o para ganar confianza o evitarse un problema. El grupo incluye acuerdos de propiedad, reglas de respeto sobre qué cosa es de quién. Tal vez algunas cosas se posean en conjunto y eso sea en algún momento un medio de reducir conflictos, sin que haya incentivos para quebrantar esa regla. Pero no hay mandato original alguno.

Señala Friedrich Hayek en «El atavismo de la Justicia social» que el hombre tribal cazaba en grupo y la presa debía ser repartida entre todos los que participaron en su obtención. Una regla igualitaria sería bajo esa circunstancia razonable. Como un atavismo el igualitarismo podría haberse extendido a las sociedades modernas donde ese esquema de producción ha variado de manera sustancial bajo la forma de envidia.

Aún en ese caso la regla no era consecuencia de un mandato original divino sino del reconocimiento de lo que es propio, en este caso lo puesto por cada participante en la empresa de la cacería.

Para ese hombre que se apropia y sobrevive, la humanidad y su situación no son más problema que el de cualquier otra especie. Tiene más conflictos inclusive con los de su mismo género que con muchos de los animales con los que convive. Cuando su familia o grupo se encuentra con otro lo que surge es la competencia. Las relaciones entre grupos o están gobernadas por la guerra o por el comercio. Cuanto más lejano es el grupo menores son las posibilidades de internalizar algún beneficio en el mantenimiento de la relación.

Los vínculos sociales requieren reglas. Estas reglas se están construyendo en cada relación particular y en la relación del individuo con el grupo de manera permanente señalaba David Hume. Las reglas permiten el intercambio pacífico y mutuamente beneficioso. Aquí y no en la «creación» comienza el problema de la propiedad.

Al establecer reglas más o menos implícitas se da por sentado que el otro existe y tiene una vida independiente y con sus propios fines respecto de la nuestra. Hay algo que a ese otro le es propio y hay algo que ese otro posee. Sentado eso se establece la regla de convivencia determinado qué es de quién y cómo es la forma en que una cosa puede transferirse. Después de esa regla puede hablarse de un «deber ser» porque sin norma o vara no lo hay. Solo podrá haberla en la imaginación de quién afirma interpretar a una deidad creadora.

La igualdad no juega un papel decisivo cuando la propiedad se establece, como no lo jugaba en el reparto de tierras que le ofrecí a mi compañero de facultad. Era más importante determinar un principio que resolver la situación existente.

Las necesidades humanas están sujetas al problema de la escasez. Por eso es necesaria la regla que gobierne la propiedad. Una alternativa es el colectivismo. Los medios de producción pueden socializarse y los bienes de consumo cuando se entienda necesario también. La otra posibilidad es respetar lo que cada uno tiene, por el hecho de tenerlo y aceptar la regla de adquisición como una consecuencia de intercambios pacíficos.

El principio romano del *uti possidetis* (poseo porque poseo) es una forma realista de encontrar un punto de partida que no requiera conectarse con el momento de la creación imaginado y con órdenes divinas reveladas. La propiedad no se acepta por una cadena de causas perfectas desde aquel primer poseedor, que nos llevaría al planteamiento aristotélico de la existencia de una primera causa o Dios. La propiedad se fundamenta en vez en el aquí y ahora y el pasado conocido y pertinente. El poseer algo implica, en principio, que se es dueño del objeto poseído, así lo consideraban los romanos.

Observamos el beneficio que producirán los intercambios y aceptamos la situación de partida como una forma de evitar algo más caro como el uso de la violencia, con más razón cuando no tenemos una forma eficaz para reemplazar ese procedimiento como no sea la interpretación de un «deber ser» «trascendente» dado por supuesto o por revelado en base a una fábula hipotética, y cuando hay tanto para ganar (costo de oportunidad) estableciendo el principio lo antes posible.

El derecho romano encontró otras formas de establecer lo que es propio de cada uno que no podrían entrar en la cadena de títulos lockeana. La prescripción adquisitiva o usucapión (adquisición de la propiedad por el mero paso del tiempo) y la norma de que para discutir un derecho de propiedad se lo debe hacer desde un derecho mejor que se pueda invocar. No es un derecho mejor una máxima religiosa o aquella situación por defecto de la propiedad común de los bienes, sino algo más concreto, como podría ser por ejemplo el probar que aquel objeto que el otro posee, le fue robado al que reclama.

El camino entonces de la justificación de la propiedad no parte desde las reglas del universo (tampoco nuestras cosas de hoy encuentran su legitimidad en la acción de un Adán apropiador), ni desde la lógica desprendida de la realidad de hecho, sino desde las reglas que formamos en nuestro mundo parcial y concreto para resolver situaciones en particular. No basta invocar una teoría de explicación de la justicia de nuestra situación existencial en el mundo ni la idea de un orden jurídico de partida.

La propiedad es una consecuencia de la naturaleza humana, pero no un mandato de ella. El colectivismo por supuesto que tampoco lo es. Podría incluso decir siguiendo el principio expresado antes que para discutir la propiedad desde una perspectiva religiosa, habría que probar que el creador es colectivista. ¿Por qué habría que tomarse el trabajo de justificar la propiedad y no al colectivismo?

Nos encontramos entonces solos en el mundo con dos posibles reglas para determinar qué nos es propio. Nuestro cuerpo es nuestro diría Locke. Pero ese punto de partida está divorciado de una supuesta comunidad de bienes inicial.

Desde la perspectiva liberal lo más criticado de Locke es el párrafo en el que sostiene que es justa la apropiación de la tierra por la vía de aplicarle el trabajo que es fruto a su vez de nuestro cuerpo, pero en la medida en que alcance para todos:

«Pero admitiendo ya como principal materia de propiedad no los frutos de la tierra y animales que en ella subsisten, sino la tierra misma, como sustentadora y acarreadora de todo lo demás, doy por evidente que también esta propiedad se adquiere como la anterior. Toda la tierra que un hombre labre, plante, mejore, cultive y cuyos productos pueda él usar, será en tal medida su

propiedad. El, por su trabajo, la cerca, como si dijéramos, fuera
del común. Ni ha de invalidar su derecho el que se diga que
cualquier otro tiene igual título a ella, y que por tanto quien tra-
bajó no puede apropiarse tierra ni cercaría sin el consentimiento
de la fraternidad comunera, esto es, la humanidad. Dios, al dar
el mundo en común a todos los hombres, mandó también al
hombre que trabajara; y la penuria de su condición tal actividad
requería. Dios y su razón le mandaron sojuzgar la tierra, esto es,
mejorarla para el bien de la vida, y así él invirtió en ella algo que
le pertenecía, su trabajo. Quien, en obediencia a ese mandato
de Dios, sometió, labró y sembró cualquier parte de ella, a ella
unió algo que era propiedad suya, a que no tenía derecho ningún
otro, ni podía arrebatársele sin daño. Tampoco esa apropiación
de cualquier parcela de tierra, mediante su mejora, constituía un
perjuicio para cualquier otro hombre, ya que quedaba bastante
de ella y de la de igual bondad, en más copia de lo que pudieren
usar los no provistos. Así, pues, en realidad, nunca disminuyó
lo dejado para los otros esa cerca para lo suyo propio. Porque
el que deje cuanto pudieren utilizar los demás, es como si nada
tomare. Nadie podría creerse perjudicado por la bebida de otro
hombre, aunque éste se regalara con un buen trago, si quedara
un río entero de la misma agua para que también él apagara su
sed. Y el caso de tierra y agua, cuando de entrambas queda lo
bastante, es exactamente el mismo».

La situación en la que de este recurso no «queda lo bastante»
nos retrotraería al punto de partida de los «derechos» colectivos
sobre la tierra en la que ningún hombre podría obrar en función
de su provecho y desarrollo sino que estaría sujeto a la suerte del
conjunto. Suerte ésta última que necesita siempre de un igualador.
El sistema de propiedad privada de Locke termina no bien uno
de los recursos apropiados deja de «sobrar».

Insisto sin embargo en que esa comunidad de bienes como
orden superior debe ser probada si de lo que se trata es de jus-

tificar algo y no simplemente reclamarlo como dogma. Pero la polémica afirmación de Locke sobre el derecho de propiedad de la tierra y su límite no es nada más que la consecuencia inevitable del punto de partida que elige para su proposición.

Es hora de decir, sin embargo, que la propiedad privada es éticamente superior al colectivismo. Parecerá extraño porque ya había renunciado al aval teológico. Y había dicho que no había regla justificadora hasta que la regla no se estableciera. No hay legitimidad sin ley en sentido lato, por definición. Pero no me refiero a una superioridad ética por razones de legitimidad, sino por la posibilidad de universalizar la regla y hacerla valer, como tal, para todos. Mientras que el colectivismo implica el reparto de lo que hay, agregándole una regla nunca cumplida que es la de la igualdad, la igualdad no es posible, ni mucho menos estable, por lo que el criterio de reparto es siempre arbitrario.

La regla de la propiedad privada no es escasa como tal, es decir en tanto regla puede aplicarse a todos, no tiene la pretensión de resolver el problema del suministro de bienes y servicios sino determinar normas de comportamiento futuro. Los bienes a ser repartidos en el colectivismo si son escasos, por lo tanto el proyecto se agota, si no se quiebra la paz y se obliga a unos a trabajar a favor de otros, o en el caso más idílico a todos a trabajar por igual. La obligación de trabajar debe existir, porque a diferencia del sistema de propiedad privada el colectivismo no contiene incentivos para hacerlo voluntariamente porque no se pueden internalizar los beneficios del esfuerzo propio. En cambio el sistema de propiedad privada permite hacer propio ese resultado. Por eso es que mi contendiente de tiempos de estudiante no podía hacer de su propósito una «regla estable»; es decir era incapaz de construir derecho y mucho menos, ética, desde una concepción colectivista.

La existencia de propiedad privada no evita el quebrantamiento de la paz. El ladrón la quiebra, pero lo hace violando la regla.

El colectivismo lleva implícito obligar a trabajar mediante el uso de la fuerza. El colectivismo es un sistema sin paz, sino con esa misma inestabilidad que me compañero de facultad me prometía al instante de haber aceptado un acuerdo.

Los intercambios, el comercio, suponen la existencia de propiedad. La alternativa es el reparto centralizado por medio de una autoridad que aplique un criterio como podría ser el igualitario. A los gobiernos la idea de comunidad de bienes les resulta útil para justificar su existencia en la distribución. Lo curioso es que los proyectos colectivizadores se dan siempre dentro de un marco nacional, dentro de fronteras políticas.

Si los gobiernos no pudieran internalizar en su favor la idea de comunidad de bienes (apropiarse de los beneficios), nadie la defendería. Pero a su vez no pueden hacerlo sin traicionar el principio. Si existe comunidad de bienes no debería haber gobiernos ni fronteras.

También hay contradicción en la tradición lockeana en la intensión de justificar el individualismo desde una norma universal. No podemos justificar nuestro derecho a vivir desde un orden externo a nosotros mismos, porque ese orden podría necesitar que pereciéramos. Nuestra libertad y nuestra propiedad; nosotros y nuestra esfera de relaciones, somos producto de la propia afirmación y de los acuerdos logrados, muchas veces de acuerdos logrados por otros y de los que nos beneficiamos de manera gratuita.

Poseemos porque poseemos, vivimos porque vivimos. Vivir es afirmarse, no justificarse. Después establecemos reglas comunes y nos convertimos en seres éticos. La justificación es hija de la regla, no madre.

Nadie necesita arar para comer, basta con ofrecer algo útil en intercambio y comerciar para obtener el fruto del esfuerzo de otro que produce alimentos. No importa poseer tierra como le preocupaba a Locke, aunque no alcance para todos. El comercio lo hace innecesario y por eso la propiedad es la regla más inteligente.

La posesión es un impulso natural, pero también lo es la posesión de lo del otro. Por eso es que «la naturaleza» como tal tiene poco que aportar a un orden ético. El derecho de propiedad es un descubrimiento de la civilización y de la adquisición de la noción de costo/beneficio.

El subtítulo de este capítulo es «el primer motor inmóvil de la idea de Justicia», parodiando la explicación aristotélica del movimiento que llega a concluir que debe haber un primer movimiento que se cause a sí mismo. La propiedad es eso respecto de la Justicia. La propiedad no se justifica, ella misma es el concepto de justificación.

Establecido qué es lo propio, es justo lo que se «ajusta» a eso. La definición clásica de justicia es «dar a cada uno lo suyo» es una declamación ética sobre la escasez. Supone la propiedad. Justificación y propiedad son la misma cosa.

El yo es el nacimiento de la propiedad. El derecho de propiedad es el fruto de una regla en la cual se intercambia el respeto de la propiedad de uno por el respeto de la propiedad del otro. ¿Cómo se justifica? Esa regla se llama justicia, la propiedad no se justifica porque el derecho de propiedad es la justicia en sí misma.[2]

El trabajo puesto sobre una cosa no puede por sí mismo resolver el problema de la propiedad. De lo contrario habría que admitir el derecho de aquél que aplica trabajo a algo que no le pertenece.

Hans Hoppe sigue el razonamiento clásico de John Locke. Entiende que si me propongo determinar si algo es justo es que soy capaz de argumentar y se produce un intercambio proposicional.

---

[2] Por eso entiendo mi perspectiva está fuera del campo del utilitarismo. El fin es establecer una regla que nada dice del resultado particular que pueda tener para cada persona. La regla es valorada como tal porque posibilita convivencia bajo una vara. Nadie puede asegurar que a una persona en particular le iría mejor siendo justa que dedicándose al crimen.

En mi opinión habría que agregar que al argumentar sobre la propiedad, estoy dando por supuesto que el otro que escucha mis argumentos también lo está haciendo y que tiene ese deseo de mantenerse en el plano argumental. Se presuponen dos sujetos, el que argumenta y el que escucha, dueños de sí mismos. El que argumenta supone que el otro es dueño de sí mismo, pero también que está dispuesto a reconocer eso. No se discute la propiedad con el asaltante callejero.

Del Derecho Romano viene también la diferenciación entre «derechos reales» y obligaciones. Los derechos reales se establecen en una relación entre el sujeto y la cosa. Los segundos son deberes entre las personas. Podría decirse que en definitiva ambas categorías son obligaciones, pero la distinción sirve para diferenciar a la posesión del derecho de propiedad. El primer vínculo del ser humano con lo propio es en ese sentido «real». La posesión ocurre por la mera posesión y hasta que no entra en conflicto como tal con las pretensiones de otro ser humano y la regla general no se establece y acepta no hay «derecho de propiedad». Pero tampoco hay nada parecido a una propiedad colectiva antes de eso.

Supongamos que Juan y Pedro se encuentran en la selva, cada uno con sus pertenencias y determinan que se respetarán mutuamente y comienzan un intercambio que es beneficioso para ambos y les evita los costos de entrar en guerra. Aparece un tercero, no comprometido por la misma regla. El tercero tiene dos opciones. Una intentar arrebatar los bienes que poseen y cuya posesión se respetan Juan y Pedro; la otra es acordar con la regla. En ningún momento podrá decir que lo asiste un derecho sobre los bienes ajenos porque para eso tendría que sostener que sobre Juan y Pedro existe una regla superior llamada «comunidad de bienes». La vía del derecho y la justicia no lo favorecería, los hechos son un punto de partida en el que Juan y Pedro poseen pacíficamente e intercambian. La regla existente no lo incluye a este tercero. El problema de la «justificación» todavía no se le ha presentado.

¿Podría hacerse una nueva distribución? De hecho sí. Sería el caso de la solución que le proponía a mi contendiente intelectual al inicio. Pero no de derecho. No hay relación de derecho entre Juan y Pedro y el tercero y la única regla existente se da entre los dos primeros. De derecho el tercero solo podría adherir a la regla existente que es el único orden establecido, y tornarlo así propio.

Las opciones son entonces el derecho o la guerra. La guerra puede llevar a otra regla que determine qué es propio de cada quién como una forma de establecer la paz, o al exterminio y/o sometimiento de una de las partes a la otra. La paz requiere de estas reglas y la justicia es lo que resulta de aplicarlas. Primero hay propiedad, después hay paz y justicia.

Debe notarse que este tercero puede incorporarse en plenitud a ese orden sin pérdida para nadie. Deberá buscar la forma de intercambiar y hacer que la regla lo beneficie, pero su ingreso no requiere pérdida ni para Juan, ni para Pedro, ni para él. Adquiere en cambio la oportunidad de que la adquisición de bienes y servicios que logre en el futuro sea respetada y en lugar de la improductiva vida solitaria podrá multiplicar su bienestar gracias al comercio.

Si la regla que se acordara fuera colectivista, Juan y Pedro deberían desprenderse de parte de sus tenencias para, supongamos, «igualar» las posesiones pasando por alto cualquier forma de argumentación o justificación, con el único fundamento de la fuerza del invasor.

El tercero en cuestión se beneficiaría en principio en detrimento de una regla que de haberse mantenido hubiera hecho que Juan y Pedro siguieran produciendo (al poder internalizar los beneficios) y por tanto multiplicando las oportunidades de comercio del tercero. Hubiera tenido él mismo ese incentivo.

Además habría perdido la seguridad de que cualquiera adquisición suya pudiera ser aceptada y estaría corriendo el riesgo de un levantamiento de los vencidos Juan y Pedro. Su pequeña satisfacción, volvería a ponerse en riesgo con la aparición de cada nuevo tercero que no fuera parte del mismo «orden».

Lo que intento decir con esto último es que no hay forma de convertir ni la comunidad de bienes, ni la distribución igualitaria, en regla general. No hay forma de que el colectivismo sea base ni de la paz ni de forma alguna de justicia. Tal vez no pueda decirse que la regla de la propiedad privada encuentra su fundamento en un mandato divino, pero por cierto es fácil de demostrar que es superior éticamente[3] a cualquier alternativa que tampoco cuenta con ese aval.

El «orden» que proponía mi amigo al principio. Esa forma de «no estabilidad» es una organización sin reglas, sin propiedad y sin justicia en la que reina el arbitrio del que se impone o los que se imponen. La única apelación ética o de justicia que podrá hacer será en función de un orden superior a las partes que él representa y conoce y pone a sus congéneres a su merced. Este individuo que toma las decisiones y establece todo y a todos como propios sin reconocerles derecho es quien necesita de una religión justificadora.

Conclusión

Las dificultades que se han encontrado en las distintas tradiciones de pensamiento social para la justificación de la propiedad privada no serían menores si se intentara justificar a la propiedad colectiva por el mismo camino, en lugar de darla por sentada. No

---

[3] En el sentido de tener mayores posibilidades de ser convertida en regla de conducta con buenos resultados para todos.

podemos suponer un orden por defecto, sólo podemos suponer lo que somos y cómo actuamos y a partir de ahí establecer una forma de ética o justicia que nos pueda amparar. No hay otra más incluyente que la regla de la propiedad privada, ni más susceptible de ser generalizada, ni otra más eficaz para construir una sociedad pacífica.

Pero la dificultad mayor para encontrar una justificación a la idea de lo propio está en no advertir que «justificación» y «propiedad» son una sola y única cosa.

Hans Hoppe se inclina por mantener la regla del primer usuario de Locke manteniéndose en el plano de la lógica, dando por establecido que si reclamamos actuar estamos también suponiendo la propiedad. En algún sentido está diciendo lo mismo que acabo de decir pero hay alguna diferencia. Hablar de justificación requiere reconocimiento de un sujeto íntegro que justifica y otro sujeto íntegro dispuesto a manejarse en el plano de la justificación y no de la acción injustificada. En esa línea la justificación y propiedad privada son digamos «hermanos lógicos».

Resuelve el asunto entre individuos pacíficos sin ninguna relación con un primer usuario o cualquier sucesión de títulos incuestionables. Los intercambios que ocurrieron antes que estos individuos hablaran de propiedad, es decir de justicia, estuvieron llenos de equivocaciones y tal vez de injusticias (de actos que no consideraron la propiedad) y de renuncias por economizar conflictos o como transacción. Pero, afortunadamente, la propiedad no requiere una sucesión de demostraciones de «justos títulos» hasta llegar al primer poseedor. Es suficiente con que nadie esté en condiciones de invocar un derecho mejor y para mejorarlo debe compararlo en concreto, no contrastar hipótesis.

Por esa vía de la cadena de títulos perfectos el primer poseedor se quedaría sin aval alguno. Salvo que le reconozcamos que no los necesitaba, porque en su situación solitaria no había ninguna Justicia; ella fue el fruto más bien de intercambios con otros hombres.

Violar la propiedad por lo tanto no significa una traición a aquél «primer habitante» humano de la Tierra que se asentó para sembrar el suelo. Es sencillamente la renuncia a la ética para conducirse en el aquí y ahora. Qué puede haber peor que eso.

Capítulo XI

UNA DEMOCRACIA SIN DEMOS*

Los términos democracia y república, aunque no son sinónimos, son herencia cultural del filosofía liberal que coloca al individuo inerme en el centro de la escena y proclama sus derechos, considera que el poder no debe vulnerarlo y que más bien está a su servicio.

De ahí deriva la razón de ser de dividir al poder, desmembrando las facultades del gobernante absoluto, realizar declaraciones de derechos, requerir gobiernos sean ungidos por representación y concebir al Estado como una organización impersonal que queda, mientras los gobiernos pasan.

No rige la voluntad de ninguna persona, sino las reglas generales. Lo que se conoce como «Estado de Derecho», donde el gobierno no es la ley, sino que también está sometido a ella.

Pasadas las generaciones, y con la ayuda de sistemas educativos estatizados, casi como las huellas que la gravedad van dejando en el cuerpo con el paso de los años, las repúblicas democráticas han mutado por el peso de los incentivos reales del poder. Desde aquellas intenciones originales, hoy se las vive como realidades muy distintas y su marco axiológico es por completo diferente.

En los hechos la legitimidad popular terminó por ser utilizada como aval del poder absoluto en lugar de ser un freno. Lo vemos con claridad bajo las formas actuales de populismo despótico de

---

* Segundo Premio, V Concurso Caminos de la Libertad, México 2010.

origen comicial, cuyo representante más claro en la actualidad es el presidente venezolano Hugo Chávez. Hoy la región padece una cantidad significativa de gobernantes que llevan a cabo un experimento político particular de «democracias antidemocráticas».

Lo que tenemos al final de este proceso, que comienza en la escuela en la que se fomenta la identificación del individuo con el Estado y no con su libertad, es un esquema institucional derivado de la idea de poder limitado y legal, pero que abjura del pensamiento liberal.Se mantiene como un testigo de todo lo que las repúblicas democráticas han olvidado sobre sí mismas. Como si el sistema en lugar de permitir la existencia de un pueblo activo preparado para ser la contratendencia del poder absoluto, creara un ambiente de sumisión a un régimen que promete ser «de todos» y frente al que no hacen falta tantas suspicacias.

Ocurrido este trasvasamiento conceptual las explicaciones sobre el poder funcionan como alegorías apaciguadoras con sus propios héroes y malvados, invitan al maniqueísmo, generan temores para que los individuos clamen por auxilio, alarman acerca de las consecuencias que las ambiciones privadas pueden desatar o sobre la decadencia que recaerá sobre una sociedad en la que las personas den rienda suelta sus deseos.

El poder ofrece su caballería con censores, ministros de economía, policía política, controles de precios. Todo ese «bien» que se promete para lograrse requiere presupuesto, por lo tanto impuestos y muchos empleados. El gobierno en lugar de mantenerse en la legalidad, debe ganar en «gobernabilidad».

La gente teme que el Congreso trabaje poco y cree que los representantes deben ser medidos en función de cuántas leyes producen. No importa el marco conceptual, que se le llame socialismo, nacionalismo, populismo, nacional socialismo. Ni tampoco el tipo de fantasmas con los cuales el poder sostenido en la variante de legitimación popular, pueden ser raciales, económicos, morales. El Estado ofrece una concepción simplificada de bien y mal y se erige en remedio y la transmite por un sistema educativo oficial que cumple el papel que cumplía la religión de estado en auxilio del poder monárquico.

Mientras que los medios de la democracia republicana de poder limitado y legal se mantienen en las formas como aspectos intocables de la convivencia civilizada, sus fines se han visto relativizados y los pueblos que conservan su libertad desconocen la fragilidad de las condiciones que la permiten y la ponen en juego a cada paso.

La división de poderes en la concepción de Montesquieu, protegía a la población generando incentivos para que el poder controlara al poder. Ahora no es tan importante que el poder sea detenido, sino que pueda actuar para solucionar todo lo que se considera que puede solucionar; que es casi todo.

Los jueces deben ser independientes, lo recordamos de las primeras etapas de la enseñanza, pero parece una pacatería si en definitiva el gobierno representa «los deseos de la gente», bajo qué título podría un juez decirle que no a la voluntad presidencial, si por un lado el poder «es bueno» y por otro la idea de la libertad del individuo es vista como «una ideología» de «los ricos» o «los capitalistas» o cualquier otro «enemigo del pueblo» que se quiera utilizar.

Sin filosofía liberal, la independencia judicial vale bien poco. Así también las formas al final de cuentas se pierden, porque pierden importancia y la presidente Cristina Kirchner puede hablar de la existencia de un «partido judicial» como lo hizo en el 2009 cuando un tribunal le impidió violar la ley y hacerse de las reservas del Banco Central. Del mismo modo que para la oposición en el país que tampoco comparte la filosofía liberal, la transgresión era apenas una medida con la cual no estaban en desacuerdo por razones administrativas.

Conservamos un esquema institucional idóneo nada más que para proteger un principio en el que ya no se cree como antes.

Algunas manifestaciones superficiales de este fenómeno se advierten como fallas formales, a lo sumo algunas consecuencias son vistas como un problema moral de los funcionarios, como formas de corrupción.

Durante la década del noventa, justo antes de que florecieran los populismos despóticos, a estas evidencias se las colocaba bajo el título de «problema de calidad institucional». Una visión bastante limitada del problema de haber abandonado el liberalismo y creer que de cualquier modo el sistema político que le es propio puede funcionar si se lo vigila un poco más. Pero qué vigilancia mayor podía haber que la existencia de jueces vitalicios e independientes. El diagnóstico de la falta de «calidad» con neutralidad filosófica, es decir reafirmando la tendencia a independizar las instituciones políticas de su sentido último, resultó superfluo y hasta podría ser considerado un complemento perfecto para el avance populista.

Una expresión general, ya no chavista de la degradación democrática en lo conceptual se vivió en el año 2009 con la crisis de Honduras, cuando el presidente Mel Zelaya fue depuesto con participación del Congreso y de la Corte Suprema de Justicia de ese país por pretender llevar a cabo un proceso electoral declarado ilegal y sin la participación de los organismos regulares, todo ello con gran injerencia del gobierno de Venezuela.

La comunidad internacional desconoció tanto al Poder Judicial hondureño como Chávez cuando encarceló a una juez que lo había contrariado. Democracia parecía ser para esa comunidad de naciones que condenó a Honduras, apenas el derecho de un presidente a permanecer enel poder bajo cualquier circunstancia por el mero hecho de haber sido elegido en comicios aunque haya violado su mandato.

No abro juicio sobre la legalidad del procedimiento, basta para este análisis que tal cuestión haya sido ignorada por completo, lo que se traduce en una idea de democracia como el derecho del gobernante a permanecer en el poder como si gozara de título de propiedad, lo que nos retrotrae al poder realista.

En plena crisis el presidente de los Estados Unidos Barack Obama en declaraciones a la prensa señaló que su gobierno pretendía el retorno de Zelaya porque apoyaba «el principio de que los pueblos deben elegir a sus gobernantes». Pero si algo no se compadece con el origen popular del gobierno es la irrevocabilidad de un mandato.

Democracia es mucho más que una cuestión de origen del poder, se trata del gobierno del Pueblo, por el Pueblo, para el Pueblo, como la definía Abraham Lincoln. Ningún tipo de gobierno faccioso, es decir de gobierno para una parte del pueblo en contra o a costa de otra es un gobierno democrático. Un gobierno que surge de las urnas no representa quienes lo votaron sino al pueblo como una totalidad. Cualquier acción sostenida bajo teorías anti democráticas como la de la lucha de clases, es una violación al principio de soberanía popular. Que no es la soberanía de una mayoría, ni la soberanía de una clase social o sector, sino ese todo inescindible llamado «pueblo».

Si como consecuencia del proceso político hay unas víctimas y unos victimarios, que los últimos hubieran sido elegidos carece por completo de importancia, estamos frente a una dictadura.

El gobierno que surge de los comicios no gana derechos de sumisión por parte de los ciudadanos, sino que se ve obligado por un mandato de todos los votantes, incluso de quienes no lo seleccionaron. El mandato se encuentra especificado en una constitución. Lo que excede ese mandato es poder ilegítimo. En la democracia el gobierno se ejerce en nombre de todos, por todos y para todos. Las elecciones dicen quién gobierna, pero no modifican el mandato que surge de la constitución.

Que las instituciones formales respondan o no a la filosofía que las inspira no es en realidad un debate «democrático», sino pre democrático. Una persona puede tomar la libre decisión de colocarse una cadena al cuello y darle el extremo a otro para convertirse en su esclavo. Esa sería una decisión libre, pero de lo que no hay duda es que después de tomada su libertad se habría terminado.

Del mismo modo la democracia está terminada cuando está en discusión si habrá democracia o no, o lo que es lo mismo si un gobierno se postula para gobernar a favor de unos y en contra de otros. Si unos se benefician y otros padecen al poder, el concepto de pueblo se disuelve y con él la democracia.

Con más razón la democracia está terminada cuando un gobierno, cualquiera haya sido su propuesta, utiliza el poder para fines propios, intenta perpetuarse o se convierte en una dictadura que se coloca sobre la ley. Pero como se dijo antes este es apenas el extremo de un problema que empieza cuando se acepta que los gobiernos «distribuyan riqueza» de unos a otros. Aceptado esto, la democracia se ha terminado como tal, no solo en cuanto a la posibilidad de exhibir resultados satisfactorios.

Sin pensamiento liberal democracia y república son entidades sin alma, verdaderos zombis de un pasado institucional abandonado.

En derecho privado se reconoce la excepción de incumplimiento («exceptio non adimpleti contractus») que permite a la parte de un contrato liberarse de sus obligaciones cuando ha mediado el incumplimiento por parte de la otra. Las prestaciones se han comprometido en función de las contraprestaciones prometidas por la otra parte. La aceptación del gobierno que surge de las urnas por parte de las minorías que hayan perdido la elección se fundamenta en que ese gobierno ha de gobernar para todos, aún cuando no lo haga siguiendo la opinión de todos. Cuando está claro que unos serán despojados, no hay democracia ni obligación de someterse al gobierno. La democracia es la garantía para las minorías, no el altar de su suicidio.

Lo que ha prevalecido sin embargo, como consecuencia del divorcio entre el liberalismo y las instituciones políticas que hizo nacer, es una suerte de santificación del statu quo representado por ese estado formalmente legal, en el que las víctimas del poder dictatorial se ven deslegitimadas para reaccionar frente a la arbitrariedad en función de una autolimitación que sólo tiene sentido en otro contexto. El poder es visto como legal *per se* al igual que en el absolutismo monárquico.

El sistema político pensado para dividir al poder y entorpecer los abusos, convertido en instrumento para hacerlos posibles sin resistencia.

Lo que hoy se considera contrario a la ética del sistema es que se resista la arbitrariedad y no a los abusos.Hasta parece una virtud el soportarlos. Una democracia sin liberalismo implica este sometimiento moral al poder.

Nos encontramos entonces frente al fenómeno de gobiernos que persiguen a los que opinan distinto, intentan someter a los medios de comunicación que informan al mismo pueblo que debiera ser origen pero también destino del poder, que utilizan ya abiertamente el intervencionismo económico para favorecer a los amigos y perseguir a los enemigos, que entienden que la democracia se asienta en la «gobernabilidad» y no en la «legalidad», que restringen las posibilidades de entrar o salir del país a las personas y que utilizan los recursos públicos para comprar voluntades a favor de sus intereses privados. Sin embargo son gobiernos que se consideran «democráticos», que serán defendidos como tales cuando se los quiera destituir, tornándose relativo e ilusorio el valor de la legalidad constitucional.

Cuando la arbitrariedad se traslada a la economía la confusión aumenta, porque antes la población ha sido inyectada de la aversión al lucro o considerar que el derecho de propiedad, que no es otra cosa que la alternativa a la esclavitud, es una cuestión «material» menor. Entonces se cree que la libertad en materia de intercambios de bienes y servicios es un asunto que podía ser decidido en base a cualquier «escuela económica». Un problema «técnico», de economistas.

Hoy se ha superado incluso esa falsa división entre «libertades políticas» (sagradas) y «libertades económicas» (las que piden los «liberales ambiciosos y materialistas»). Se ataca la libertad de expresión porque se considera que las empresas periodísticas en lugar de facilitar con el capital invertido la difusión de información y opiniones, las ponen en peligro, con lo cual el gobierno que tenía que ser controlado por la prensa se erige en su controlador. Otro problema «técnico» de «comunicadores».

El problema no es sólo la visión del pensamiento antiliberal sino también la confianza en la formalidad como tal por parte de quienes comparten la idea de poder limitado.

Hace algún tiempo dictaba un curso sobre el pensamiento liberal y se me ocurrió preguntar a los participantes qué harían para hacer avanzar al liberalismosi estuvieran dentro de un campo de concentración. Las respuestas empezaron por el problema que al liberal promedio más le preocupa, que es el de la difusión de las ideas.

El liberal puede caer en el error de pensar que con el despotismo se discuten ideas e insistir como quien no ha asumido que ha perdido algo en una receta sólo válida para un contexto pacífico de respeto y libertad, que era lo que me interesaba que descubrieran.

La sexología no es sexo ni la libertad difusión del liberalismo. En la clase la respuesta más sensata de intentar escapar, quedó tapada por opciones para convencer a los carceleros. Nadie respondió que en un campo de concentración la «discusión democrática» se terminó y aparecieron todo tipo de propuestas de difusión.

Así como las repúblicas democráticas deben aprender que no son nada sin la filosofía liberal, a los liberales les toca entender que se oponen a los abusadores más que a los que ignoran las verdaderas consecuencias de los abusos. Al abuso se le opone la resistencia, y solo por poner un ejemplo una ética fiscal en la que los derechos de los contribuyentes sean más importantes que cualquier equilibrio fiscal o supervivencia de organismos públicos. Son los medios para resistir la principal cuestión a aprender para tener un sistema político republicano integrado y realista.

Se debe recuperar la libertad, más que pensar en ella. La discusión de ideas tiene lugar entre iguales, pero es imposible entre aquellos que están sometidos y los que los someten, entre unos que aceptan unas reglas y otros que las violan. No hay una diferencia argumental entre el que ejerce el poder y quien se encuentra sometido, sino de poder. El democratismo como imperativo de sumisión es el principal aliado de las dictaduras ejercidas abusando de su origen popular.

Capítulo XII

EL CASO HONDURAS

El presidente de los Estados Unidos Barack Obama definió la posición de su país sobre el conflicto de Honduras en el año 2009 señalando que Zelaya, el ex presidente depuesto por el Congreso y la Corte Suprema, debía volver al gobierno por aplicación del «principio de que los pueblos deben de elegir a sus gobernantes».

Su definición podría caracterizarse como la versión reducida y distorsionada de otra realizada por un presidente de ese país mucho tiempo atrás y que bien haría la elite política de Washington en volver a estudiar. Me refiero a la caracterización de la democracia como «el gobierno del pueblo, por el pueblo y para el pueblo» hecha por Abraham Lincoln, que deja afuera de esa forma de gobierno a estas nuevas dictaduras nacidas de una elección como la que se intentaba instalar en Honduras, que nada tienen que ver con el principio democrático.

¿Cómo definiría el presidente Obama al proceso de «impeachment» seguido contra Richard Nixon que derivó en su renuncia? El pueblo lo había elegido, no era Gerald Ford la persona a la que había votado para ocupar la Casa Blanca. Sin embargo nadie entendió su renuncia forzada por las circunstancias como un problema de la democracia.

El principio democrático reducido carece de sentido y más que representar un «derecho de los pueblos» parecería expresar un derecho de propiedad de los gobernantes hacia súbditos con carácter de irrevocable. Curioso que haya tantas palabras para querer demonizar al derecho de propiedad como si fuera peligroso para el hombre común (cuando es exactamente al revés) y al mismo tiempo conciba al mandato condicionado, limitado y reglamentado del gobernante en un acuerdo por el que se le da el derecho a esclavizar a todos aquellos que le «prestaron» el poder de manera irremediable.

A lo mejor no es tan curioso y todo forma parte de la misma corriente para volver al poder absoluto en nombre de otras deidades, solo que esta vez llamándole democracia.

El pueblo tampoco es «la mayoría», menos una mayoría circunstancial de una elección, que puede cambiar en la siguiente, una que tal vez ni siquiera esté presente en el momento en que el gobernante es sometido al juicio sobre su apego a la ley que le dio origen a su cargo. El pueblo es ese todo como lo define Lincoln.

El origen del poder en una democracia no es la mayoría, por más que la regla de la mayoría determina quién es el mandatario. El mandato después de la elección es el conjunto y no de la facción triunfante por amplio que haya sido el apoyo conseguido que hubiera alcanzado.

La democracia no somete a la minoría a la mayoría. Es el gobierno de todos, por todos y para todos. Un gobernante elegido democráticamente que hace cruzadas contra parte de la población y que genera división y enfrentamientos es un gobernante antidemocrático que utiliza el resultado de su elección para violar su mandato. El apoyo de las mayorías a las dictaduras ha sido la regla en la historia, no la excepción. No es la mayoría la que inaugura la democracia moderna sino la minoría que subraya «todos», donde decía «muchos».

En la democracia verdadera no se afirman derechos de los gobiernos, sino derechos de todos los ciudadanos como iguales, ninguno, ni uno solo puede salir perdiendo derechos sino que se define apenas la orientación de alguna política que se lleve a cabo sin afectar la libertad de nadie, hecha en beneficio del conjunto y no de un sector (para todos), porque entonces esa parte minoritaria del pueblo perjudicada perdería el carácter de soberana. Si un sólo ciudadano es asaltado en sus derechos y libertades la democracia terminó y fue reemplazada por la dictadura del que obtuvo una mayoría. Mayoría no es democracia. Democracia es pueblo, es decir, todos.

No se vota poniendo en juego la libertad. Nadie aceptaría eso, salvo bajo amenaza y bajo amenaza no hay democracia alguna. En otras palabras no se vota para ser libre, se vota una vez que se es libre. Y no para definir si se sigue siendo libre. Tal cosa no sería una democracia, sino una guerra sin pólvora.

Así la pólvora de cualquier modo llegará después, porque aunque alguien de verdad aceptara someter su libertad a una votación, tarde o temprano se cansará de ese acuerdo, con todo derecho.

Capítulo XIII

MÁS ALLÁ
DE LAS DECLARACIONES

Poco favor se le hace a la causa de la libertad incluyéndola como mera propuesta a discutir en un programa de gobierno de algún partido minoritario que aspira a ser convalidado en las urnas haciendo gala de su «buena educación». Porque esa libertad de la que hablamos es una a la que le deben temer los espíritus pequeños que desde el poder quieren adueñarse de la vida de la gente y necesitan una población de ovejas.

Por lo tanto es una libertad que se arrebata, en general la toman unos pocos osados en beneficio de muchos. Es una libertad que no tiene códigos comunes ni tratos, ni procedimientos acordados, ni les da explicaciones a los bandidos. Estos sólo aceptan la libertad cuando no les queda más remedio.

El liberalismo es el proyecto que termina con todos los remedios posibles. No acepta una regla que determine el sometimiento por propia voluntad. El liberalismo no está para perder un sorteo en el azar de la estadística, no puede asociarse a ninguna forma de sumisión colaborando con la falsificación de una postdemocracia en la que se ha convertido en valor supremo la obediencia comicial.

Los bandoleros en el poder antes de la democracia exhibían sus armas y sus ejércitos para someter a la población, después de ella según la versión falsificada y vaciada de contenido solo tienen que mostrar un resultado para reclamar un supuesto derecho a convertirse en tiranos.[1] Detestan el derecho de propiedad, pero aducen ser propietarios de la población, en nombre de la misma población.

No es cuestión tampoco de glorificar a la democracia en sí, porque tal parece que se la ha trastocado en una engañosa forma de justificar al poder más que de ponerle freno, pero en una democracia por definición no hay vencidos que deban aguantársela, como nos quieren hacer creer.

Pero si la democracia real tiene sus problemas al juntar en un mismo concepto al agua *demos* (pueblo) con el aceite caliente *kratos* (poder), su versión actual adormecedora de consciencias, *repartidora de riqueza,* que se ha convertido en policía omnipresente de la gente pacífica (con el aditamento en nuestro caso y en muchos otros de no ocuparse de proveer siquiera seguridad frente al crimen), castiga y persigue a la disidencia y utiliza de manera abierta los recursos públicos para comprar voluntades, es una burla a los que trataron de hacer del aparato político público una cosa legal y protectora de los derechos de las personas.

Sin ponerla en ningún altar, lo que sostengo es que sólo tiene sentido llevar a la democracia como bandera de la libertad por oposición al despotismo que se ha instalado en nuestra región latinoamericana en su propio nombre. En la democracia no se vota si se va a ser libre. Se vota una porque se es libre. En la medida en que ello no implique poner en juego su razón de ser que es esa libertad. La democracia real no es el mero «gobierno del Pueblo» (del mismo modo que la monarquía legitimada desde el más allá no era el «gobierno de Dios»), sino sobre todo el gobierno «por el pueblo y para el pueblo». Es decir, la elección

---

[1] No hago referencia en este artículo al concepto de «república» que es más amplio y merecería otro análisis. Me limito a la invocación principal de legitimidad sustentada en el mero comicio que promueven varios dictadores .

del gobernante solo dirime la persona del representante pero no altera un mandato preciso por todos y para todos.

La democracia no es compatible con la idea de lucha de clases ni ninguna forma de división facciosa de la sociedad. Pueblo es un concepto jurídico-político en el que las personas tienen un solo status frente al poder legal que es el de ciudadanos. Un sistema en el que unos son tratados de ricos y otros de pobres, unos producen y son despojados para asistir a otros en el que la demagogia convoca al despojo o intenta dividir a la población bajo cualquier eje creando demonios e invocando fantasmas, estigmatiza a una parte de la población, crea enemigos internos y les coloca cualquier etiqueta, es un gobierno de facción, no del Pueblo. Lo curioso es que quienes menos democráticos son se autoproclaman «populares», por oposición a otra parte de la población que no lo sería y así diluyen en realidad el basamento popular de su legitimidad. Eso no es una democracia sino una guerra (lucha), fría en el mejor de los casos, en la que las balas han sido suplantadas por el adoctrinamiento y una culpa sin sentido.

La democracia real al contrario es un sistema en el que la paz ya ha sido declarada y las minorías políticas acceden a aceptar unas reglas que son iguales para todos y no constituyen para ellas peligro alguno.

Ninguna minoría tiene bajo ningún parámetro que pueda considerarse moral o legal, muchísimo menos liberal, la obligación de someterse a la mayoría (ni viceversa por supuesto). Sólo acepta las reglas elegidas en mayoría junto con un programa de gobierno, pero entre esas reglas nunca puede haber siquiera una en la que la materia sea alguna forma de despojar a alguien. La democracia no dirime quién se somete a quién, tal cosa es el producto de otro juego como el asalto callejero, pero nunca de algo que pretenda ser un modo civilizado de convivencia.

Democracia, decía Hayek, es una forma pacífica de transmitir el poder. Habría que agregarle: «en la que el poder se ejerce también pacíficamente». Completando la definición, democracia es una forma pacífica de constituir, transmitir y ejercer el poder. Pacífica porque el poder legal democrático nunca puede implicar inicio de la fuerza contra parte alguna de la población, ese todo inseparable al que llamamos Pueblo. ¿Quién quiere elegir al pelotón de su propio fusilamiento pacíficamente?

La agenda del bicentenario para el liberalismo debe volver a tener carácter constitucional, no electoral, con reglas y actitudes en las que al poder no le quede más remedio que respetar y hacer respetar la vida privada teniendo en cuenta que las viejas declaraciones han sido superadas. Quedan apenas como testigos del pasado los artículos de la Constitución Nacional que establecen nuestras libertades.

Hay muchas precisiones que hacer acerca de qué cosa es una mayoría o una minoría, el valor y el sentido que tienen en una democracia pero se me acaba el espacio. Este es el momento de explicar por qué el proyecto de la libertad no es un trabajo para los que quieren ganar la medalla al «ciudadano más correcto». Porque ese ciudadano en esta legalidad formal es aquél al que se ha convencido de que debe pagar lo que el Estado decide y después esperar a que un ofrecido liberador llegue al poder para deshacerse del poder. Algo que no ocurrirá jamás. Si el verdadero ciudadano activo, ese que es peligroso, que le quita los remedios a los déspotas y bandidos, no tiene para empezar, sólo para empezar, el resorte para liberarse de sus obligaciones con el fisco cuando el Estado no cumpla las condiciones de su existencia (lo que es una cuestión de estricta justicia en cualquier relación jurídica), nuestras repúblicas no tienen otro destino que un colapso bajo el peso del pésimo incentivo de un poder que pasó de ser pacífico a un aparato caprichoso disponible para cualquier arbitrariedad con un derecho limitado a ser financiado.

Derecho constitucional es para los argentinos, para los pueblos de América y para todo sistema que se jacte de proteger la libertad individual, es fundamentalmente quitarle al Estado los suministros de su guerra fría y no permitir que se nos diga que un gobierno elegido un día, bajo todo tipo de equívocos, tiene más derechos sobre nosotros que un monarca teocrático. Eso de «gobierno del Pueblo» es algo que juega en contra de los gobiernos, no a favor.

Porque un Estado despótico puede convivir con declaraciones brillantes acerca de cuáles son las libertades de las personas que de cualquier manera no cumplirá o encontrará siempre formas de relativizarlas hasta el punto de negarlas. Pero no hay despotismo que sobreviva a un poder fiscal limitado.

Capítulo XIV

SEAMOS LIBRES HOY

Seamos muchos. Esa suele ser la respuesta cuando surge la pregunta de qué hacer frente a los avances del poder sobre nuestras vidas. Pero somos pocos. Desde que empezó muy fuerte el pensamiento anti liberal a predominar en occidente a principios del siglo pasado hasta hoy se ha recorrido mucha pista y la pregunta y la respuesta siguen siendo la misma. En la Argentina ni hablar, para gran parte de la población estar a favor de «las ganancias» (es decir contra las pérdidas) es ser un ultra liberal. Algo parecido a tildar de glotón a un hambriento que se quiere comer un maní.

No somos muchos, pero tengo una buena noticia. No hace falta. Los enemigos de la libertad tampoco son muchos. Todos los cambios los producen minorías.

El resultado de un experimento de ingeniería social de Domingo Faustino Sarmiento que quería convertir a la Argentina en Estados Unidos por medio de un sistema educativo público, terminó en esta matrix que propaga tonterías soviéticas ya comprobadas como un fracaso total.

En nuestro caso contamos con una ventaja y es que no necesitamos el poder como lo necesitan ellos. Aplaudo a quienes se esfuerzan por ganar elecciones y buscan representación en los órganos legislativos para hacer oír una voz distinta a la cantinela general. Pero permanecer libres no depende ni puede depender de eso. El propósito del liberal es «de-tener» al poder y no tenerlo. El liberal concibe a la riqueza como un concepto subjetivo individual

y a la sociedad como una multiplicidad de individuos buscando
su bienestar, no ve pecado en eso, no persigue a los que ganan,
a los que piensan, a los que hacen todo lo contrario a lo que él
haría, sólo se defiende de los criminales. Por eso el liberal no ve
en el gobierno una fuente de felicidad, ni al liberalismo como un
programa de gobierno. El liberalismo es más bien un programa
de «des-gobierno». Un programa de límite al poder. Cuando la
entente entre el poder y quienes lo detienen es más o menos
virtuosa los representantes elegidos son sostenes de esas ideas.

La clave está en que si la lucha por la libertad depende de
obtener la mayoría, la causa está perdida. Destaco esto: la lucha
contra la libertad jamás dependió de obtener la mayoría. La mayoría jamás entiende el significado profundo de lo que elige y la
democracia nunca fue pensada para decidir postulados filosóficos.

La libertad no se dirime en elecciones, sino mucho antes. La
propiedad no es el premio a una buena campaña electoral, es el
resultado de la acción de quienes la defienden.

La Constitución escrita condujo a un equívoco. Para muchos
es por sí misma garantía. Ahí está claro que la propiedad es in-
violable, entonces nos sentamos a descansar porque cualquiera
sea el que gobierne la Constitución nos protege. Hasta tenemos
un poder del estado designado para decirle al gobierno que se
ubique.

Esa ha sido una muy mala interpretación de la Constitución.
De ahí se deriva la idea de que cuando todo el sistema está fuera
de control, lo que queda es ganar elecciones explicando un poco
más claro la teoría subjetiva del valor o la Ley de Say. Una empresa imposible. El antiliberalismo llegó hasta dónde llegó sin
que las masas hayan leído ni oído jamás hablar de Hegel.

Lo que la Constitución (en el supuesto de que sea de esas que
aún conserva algo de espíritu liberal) nos dice no es que nos
sentemos tranquilos a disfrutar del respeto a la individualidad
que surge de sus postulados doctrinarios. Lo que hace es decir:

No hace falta ser mayoría para tener derecho a reclamar, para protestar, para detener al poder. Hay que ir a los tribunales a defender lo que es nuestro, y si se pierde una vez intentarlo de nuevo, y si se pierde dos veces protestar, escribir, patear el tablero y fomentar una rebelión fiscal.

Nunca señala que ese trabajo está hecho. Sería un proyecto fracasado desde el vamos si dependiera de que el poder de las mayorías no quisiera avanzar sobre los derechos de las minorías. La idea es que no pueda, no que no quiera. La Constitución habilita a la lucha por la libertad, a la defensa de la propiedad, de la libertad de comercio, de la libertad de educar de modo plural no solo fuera de lo que señala el ministerio de educación sino aún y sobre todo contra lo que dice el ministerio de lavado de cerebros. Hay que des-educar al soberano.

La Constitución no dice: ganemos elecciones para ser libres. Dice: somos libres pero eso no es gratis. Se lo debe ganar cada vez que eso está en juego. Y se lo debe ganar del modo que siempre se lo ha ganado: desde la minoría, contra una mayoría conquistada por pasiones opuestas.

Capítulo XV

EL MITO DE LA AUTORIDAD

El pájaro en la jaula. Esta noche comerá lo mismo que ayer: alpiste. Recibirá agua en la cantidad necesaria. El ambiente en el que se encuentra está libre de peligros a la vista, la temperatura y la humedad controladas. No hay posibilidad de que le pase algo como chocar contra un árbol en pleno vuelo. El encierro, podría decirse, ofrece resultados visibles.

Pero al pájaro se le ocurre que quiere salir de la jaula y explorar el mundo. Así se lo plantea a su captor.

«¿Quién te dará de comer? ¿Qué vas a comer hoy? ¿Dónde dormirás? ¿Sabes cuál es la temperatura afuera?» Y siguen las preguntas en un intento por disuadirlo de la idea.

El pájaro no tiene una respuesta clara a la mano. Mira el alpiste, el agua, el palo en el que puede posarse. No sabe cómo decir qué es lo que hará, como suplantará todo eso.

Se pregunta qué comerá hoy, pero no lo sabe, piensa como hará para abrigarse mañana a la tarde si baja la temperatura. No lo sabe, no sabe nada, se da cuenta.

— «Pajarito utópico. No estás preparado para la libertad. Quizás lo estés algún día cuando yo te eduque», agrega el amo.

— «Pero podría aprender a medida que la ejerzo. Imagino un mundo de posibilidades ahí afuera», contesta el pájaro.

— «¡Posibilidades! ¡Imaginación! Son solo palabras ¿Qué es la libertad, una panacea, una solución general para cualquier cosa? ¡Ni siquiera me puedes contestar qué comerás esta noche; no se puede ser libre con la panza vacía!».

Es más fácil responder a la pregunta acerca de qué va a comer un pájaro enjaulado que uno en libertad ¿Prueba eso la superioridad del cautiverio?

La libertad no es una panacea, pero compite con panaceas. A sus competidores les cuesta aceptar que un competidor tan humilde como la libertad pueda considerarse digno de consideración. O esperan directamente que la libertad se convierta, o sea defendida como si fuera una respuesta para todo.

Mientras trataba de argumentar a favor de la libertad de comercio y la apertura económica un defensor de posiciones conservadoras me acusó de sostener que la libertad de comercio servía para la resolución de cualquier problema. Falso; le respondí. La única cosa que resuelve la libertad de comercio por sí misma es el problema del control del comercio.

Lo único que resuelve el mercado es la interferencia política, el uso de la fuerza y el fraude.

Somos herederos de las ideas platónicas y por eso cuesta aceptar que un pensamiento más apegado a la realidad y menos volador pueda ser superior en resultados al postulado de un ideal fantasioso. Pensamos de acuerdo a ideales imaginados para medir el déficit que nos separa de ellos, buscando a qué o a quién atribuirlo. En lugar de observar la realidad y estimar el modo arriesgado de cumplir nuestros objetivos con un espíritu empresarial.

Por lo tanto si rechazamos la idea de, por ejemplo, una educación gratuita, será porque no somos lo suficientemente generosos, si decimos que las vacas no vuelan eso debe ser porque estamos en contra de ellas.

S alguien no quiere la fantasía que se ofrece, tendrá que ofrecer otra igual o mejor; en tanto fantasía. Así reaccionaba el individuo que me acusaba de sostener a la libertad de comercio como panacea. La panacea del control, sólo podía ser opuesta por la panacea del no control.

La libertad es la oportunidad. O libertad o autoridad. Si no entendemos esto todos nuestros vacíos se llenan con autoridad.

Salimos de las cavernas, hicimos edificios, nos creíamos viviendo en el mundo de la ciencia. Pero nuestros vacíos pasaron de ser llenados con la autoridad celestial a la autoridad terrenal. Separamos al estado de la iglesia, pero a la larga el estado se va llenando de atributos en la imaginación colectiva que lo convierten en un nuevo Dios.

Un Dios pago y caro que no hace milagros. El único milagro puede ser que mientras en Dios se cree sin haber visto en el estado se cree a pesar de haberlo visto.

Este estado todo poderoso debe ser visto como un proveedor espiritual. No tiene ni exhibe resultados en el mundo exterior, cumple un rol como objeto mitológico, como apego al ideal de que está ahí velando por nosotros sólo porque lo hemos diseñado para que lo haga.

Imaginemos un problema como por ejemplo la falta de agua. Tendremos dos visiones sobre cómo resolverlo. En la primera nos pondremos a pensar, haremos cálculos, buscaremos una fuente de suministro, construiremos un canal. En cada paso tomaremos riesgos, tal vez nada nos salga bien, pero aún así aprenderemos. Cada vez nos resultará más fácil y más seguro conseguir agua.

En la segunda visión le pediremos al cielo que nos la traiga o haremos que se declare nuestro derecho al agua. Es poco probable que la consigamos. El estado tendrá que obligar a ciertas personas a hacer lo necesario para proveer el elemento. Unos conseguirán evadir la acción estatal, otros buscarán corromper a los funcionarios. Estos a su vez comenzarán por convencer a los legisladores de que necesitan una oficina grande, computadoras y vehículos. El agua llegará de milagro, tarde y mal. Cada vez nos resultará más difícil y caro conseguir agua.

En el mundo platónico sin embargo, en un caso hay derechos al agua (pero no agua) y en el otro no hay derechos al agua (pero sí hay agua). Hay que elegir entre una satisfacción ficticia o una real.

En el mito autoritario consiste en suponer que los problemas pueden ser resueltos con una autoridad que tenga como misión encargarse de ellos. No se trata de un experto en la materia a tratar, sino alguien con el poder de decirles a los demás qué hacer o qué poner de sí mismos en función de la solución de la cuestión. No se requiere conocimiento y voluntad de los interesados, sino voluntad y poder de alguien que obligue a los demás a actuar. Los problemas no son problemas entonces externos a nosotros, sino defectos nuestros, y una autoridad podrá ponernos de nuevo en el camino.

Esa autoridad se crea en definitiva. Por eso quienes creen en el mito autoritario lo tienen tan incorporado que el hecho de argumentar contra el control del comercio tiene que ser necesariamente para ellos porque se cree algún duende de libre comercio.

¿Qué hacemos si no tenemos autoridad? Pues colaboramos ¿Y si no queremos colaborar? Ese es vacío que queremos llenar con el mito autoritario. La autoridad no soluciona nada en el mundo real, solo en la psicología de los involucrados.

La idea de diseñar un estado que monopolice el poder político y se encuentre a nuestro servicio demostró estar equivocada. Se creó la autoridad sobre la cual hacer crecer el mito autoritario. Ya el poder sin Dios, se convirtió el mismo en Dios.

Podríamos necesitar una autoridad para dirimir un conflicto y evitar la confrontación. La autoridad actúa sobre la voluntad, la naturaleza no le responde.

Nuestro nivel de autoritarismo está dado por la lista de cuestiones sobre las cuales creemos que la autoridad debe actuar.

El pájaro del cuento no sabe qué le espera fuera de su cautiverio. En cambio sabe qué le ocurre en su mundo conocido y aunque lo encuentre insatisfactorio puede que elija no salir.

Si tomara esa decisión comparando lo que tiene dentro de la jaula (alpiste y agua) con lo que tiene fuera (nada) estaría resolviendo su dilema de un modo solo aparente. Porque no son esas las alternativas que compiten. Como no compite la "educación gratuita" del estado, con la "falta de educación".

El conflicto es entre, por un lado, la inseguridad interna de estar sometido a la autoridad, de que esa autoridad necesite comérselo en algún momento o que se equivoque en sus cálculos con las mejor intenciones y perezca por falta de alimento o como consecuencia de algún otro error; y, por el otro lado, la inseguridad externa donde carece de información pero tiene los medios para adquirirla y cuenta con la libertad de corregir sus decisiones hasta obtener resultados y siempre estará actuando siguiendo intereses propios sin interferencia.

El mito consiste en creer que por reducir nuestras opciones la autoridad aumenta nuestra seguridad. Por hacer más estrecho el campo de nuestra libertad se achica la incertidumbre. Pensar que con la llegada de la autoridad, como mamá y papá, los problemas y las faltas de certeza, se terminaron.

Terminar con el mito de la autoridad es entender que hay menos riesgos asumiendo riesgos que negando riesgos.

Terminar con el mito de la autoridad significa entender el real significado y alcance de la siguiente frase: "La autoridad no puede (llenar con lo que corresponde)".

La autoridad se presenta como el remedio falso a la incertidumbre, por eso infundir temor es un arma política y por eso el temor genera demanda de salvadores. Los gobiernos se convierten así en dioses encarnados, sin capacidad mágica y muy caros.

La incertidumbre se combate con estudio, comparaciones, patrones y la ley de los grandes números, sin que desaparezca, y la forma mejor de superarla es dejar que las consecuencias de los actos se internalicen en quienes los deciden. La creación de autoridades es la impotencia de los ignorantes que tiene el mismo valor que el recurso de las brujerías o la danza de la lluvia. Tan arraigado el mito que por más que la gente conozca a los políticos y los desprecie, no deja de creer en la política.

Capítulo XVI

SOY LIBRE

Soy libre. Porque respiro y tengo dos brazos y dos piernas, porque poseo voluntad, declaro para quien lo quiera oír que soy dueño de mi vida, que soy mi fin y mi medio, que no soy instrumento de ningún plan al que no adhiera, que no pueda aprovechar de acuerdo a mi propio y único criterio.

No soy parte de una especie, ni de una raza, nación, o religión. No le pertenezco a ningún país u organización política. Declaro mi derecho a vivir pacíficamente en cualquier lugar de la tierra.

Llegué a este mundo sin deudas. Declaro en todo caso saldada cualquier cuenta y manifiesto que a partir de ahora sólo se logrará mi colaboración por la vía voluntaria, en mi beneficio. En cuyo caso acepto el tuyo.

Ofrezco lo mismo que exijo. No nos debemos nada, ni yo a ti, ni tú a mí.

Eres libre de seguir tus propósitos, intentaré colaborar contigo con lo que tengo para ofrecer, a cambio de lo que tú me ofreces.

La gratuidad (esclavitud) queda descartada para siempre.

Capítulo XVII

¿Y LA RESPONSABILIDAD POLÍTICA EMPRESARIA?

En una oportunidad recibí una convocatoria de una ONG dedicada al civismo para un concurso sobre trabajos periodísticos relativos a la «responsabilidad social empresaria».

El premio consistía en dos pasajes a Europa con todo pago. Cuántos resistirían a la tentación de servir a un concepto tan corrosivo de las relaciones sociales como éste. Esta reflexión tendría pocas oportunidades de obtener el premio.

¿Cuál es la responsabilidad social de una organización que tiene un estatuto que limita hasta su capacidad jurídica? Las empresas se establecen con fines de lucro, y su dirigencia, de no responder a los intereses de los accionistas (no de la sociedad) incurre en responsabilidades penales.

Que seamos libres significa que tenemos proyectos personales, no estamos en deuda con la sociedad para que en el momento que organizamos una empresa para obtener beneficios, colaborando con otras personas que obtienen beneficios, aparezcan unos «expertos en qué le debemos al mundo» con una consigna religiosa de ese estilo.

La idea de la «responsabilidad social empresaria» es contraria a la admisión de la existencia genuina de intereses particulares libres de todo beneficio público, lo cual constituye el germen del totalitarismo, además de suponer una ignorancia extrema acerca de cómo la empresarialidad lucha contra la pobreza sin que incluya pensamiento alguno a favor de la humanidad como el que tienen los generosos que la empobrecen.

Pero en una sociedad vacía de valores esta forma de «buenismo» parasitario encuentra un gran predicamento. Peor si quienes promueven ese concepto son las propias empresas, porque entonces quiere decir que sus directivos han sido inyectados con la culpa por lo que hacen bien, que es ganar dinero. La empresa sirve a la sociedad por sus fines lucrativos y no a costa de ellos, pero ese no es siquiera el motivo lo que la justifica, sino el derecho del hombre (sólo u organizado) de buscar su propia felicidad.

El lucro es el resultado de que los clientes de la empresa han valorado más los bienes o servicios que produce que el valor que le han dado sus proveedores a los bienes y servicios suministrados a ella. Esta estructura de relaciones liberadora, clara, respetuosa de los fines particulares y medible es el objeto del ataque que significa promover la idea de la «responsabilidad social empresaria», que intenta contaminar la agenda empresaria con asuntos que le son ajenos. Y además ideas hostiles a su existencia.

Sólo puedo imaginar como antecedente conocido a la perversa idea de la «autocrítica» que el maoísmo promovió durante la sangrienta Revolución Cultural. El mecanismo consistía en exigir la pública auto deslegitimación, el ahogamiento extremo de la individualidad colocando a la persona en deudora del colectivo *per se*. O el final de la novela 1984 cuando se le exige al protagonista que no sólo se someta al Gran Hermano, sino que de verdad lo ame.

Para que se entienda aún mejor, la única alternativa al lucro es la esclavitud. El lucro privado es la liberación del individuo de los designios de un mandamás o de la sociedad mandamás. También está claro que la empresa debe abstenerse de violar derechos de otros, es decir de actuar antijurídicamente. Pero eso no es una «responsabilidad social empresaria» sino una obligación legal de cualquiera.

Los empresarios temen muchas veces el avance intervencionista en sus actividades. Ni siquiera considero a los que directamente están pidiendo que el estado utilice la fuerza a su favor, esos no pueden ser considerados empresarios. Los que sí intentan producir, no solo medrar, podrían preguntarse si acaso les cabe alguna «responsabilidad política» empresaria. Lo digo en un sentido estricto de la palabra responsabilidad como la «posibilidad de dar respuesta». Una responsabilidad que no sólo no es incompatible con sus obligaciones societarias sino que forma parte de ellas. Cuidar los intereses de sus accionistas es también cuidar el contexto político en el que los negocios pueden desarrollarse.

Tal cosa no está tampoco en los estatutos, pero los empresarios deben proteger los intereses de sus accionistas, no hace falta una cláusula expresa al respecto. En general, sin embargo, permanecen impávidos ante los avances del poder, porque han hecho poco o nada para cuidar el ambiente jurídico político en que los negocios son posibles. Tampoco actúan si ven el credo dogmático que se le inculca a los estudiantes en las universidades y colegios públicos o los privados controlados por el gobierno, ni toman medidas más allá de sus oficinas para que sus accionistas no terminen pagando fortunas de impuestos porque todas las opiniones, trabajos académicos y publicaciones que directa o indirectamente financian promueven el saqueo fiscal como si se tratara de un bien moral.

Capítulo XVIII

PORTAR

Portar de un lado a otro. Trasladar un bien desde la posición A a la posición B.

La posición de los bienes por sí misma no significa nada. A lo sumo interesa cuáles son los medios para moverlos y de las necesidades que se satisfacen con el transporte.

Entonces viene el invento de la frontera, un concepto que está fuera de la economía y pertenece a la política. Es consecuencia de guerras de conquista o de acuerdos entre organizaciones políticas. No satisface otras necesidades que las de esas organizaciones que las imponen. La frontera es un límite al alcance territorial de una determinada autoridad.

Si existe libertad a través de ella pasan las personas y también las mercaderías. La posición A de un bien (Uruguay) o B (Argentina) es una cuestión exclusivamente política. Problema de la autoridad.

Argentina y Uruguay carecen de vida, no nacen, mueren ni se reproducen. Son etiquetas políticas nacionales, convenciones. No son más reales que el sector de la cancha que corresponde al equipo Blanco y el que pertenece al equipo Negro, cuyo sentido se encuentra en el juego, nunca fuera del juego.

Se podría portar un bife de chorizo del lado de la cancha de fútbol, digamos, que pertenece al equipo Blanco al que corresponde al Negro. Sería una «ex»-portación para los blancos y una «im»-portación para los negros.

Ni para el juego ni para la economía ese hecho tendría trascendencia alguna. Salvo que una autoridad decidiera que puede decidir qué mercadería pasa de un lado al otro del terreno de juego, entonces la exportación y la importación pasarían a ser otro asunto político.

Los bienes no trasponen los límites que la autoridad quiere así nomás sin pagarle un rescate, pero ni el equipo Blanco ni el Negro estarían en sí interesados en la portación ni tampoco en las exigencias de pagos de esa autoridad. Ni unos ni otros jugadores podrían ser convencidos de que su pertenencia a la blanquitud o a la negritud ameritarían que la rivalidad se extendiera a otra cosa que no fuera la competencia deportiva, ni se dejarían engañar por esa autoridad si les dijera que les conviene apoyar la restricción, ni tampoco aceptarían que el paso del bife de chorizo desde el campo de los blancos a los negros tuviera otro valor que el paso del bife de chorizo del campo negro al blanco.

El proceso necesita algo de mitología para ser aceptado. Digamos que la cancha es más grande, suficientemente grande como para convertirse en más trascendente que la satisfacción de las necesidades de las personas, que parezca esa cancha algo tan poderoso que mereciera cierto respeto especial. Le llamaremos ahora un lado de esa cancha gigante Uruguay y a otro Argentina. Pertenecemos entonces a uno u otroequipo, pero estos equipos tienen peso. Nos han dicho desde chicos que un trapo con determinados colores simboliza lo que somos como la camiseta de los equipos mencionados, y también nos relataron cuánta sangre se echó por ella.

En esa dimensión, y después de que pasaron tantos héroes por nuestra memoria y vemos que el mundo entero es una división de campos de juego que pertenecen a determinadas autoridades y que a esos sectores pertenecen todos, pasamos por la experiencia de aceptar como lo más natural que cada autoridad crea tener derecho a saber a dónde vamos cuando cruzamos una frontera, aprendemos que esa autoridad, si es necesario o inclusive si no lo es, será quién velará por nuestras necesidades «más importantes».

A partir de ahí es fácil convencer a la gente de que hay una cosa que se llama exportación, que consiste en la salida de un bife de chorizo desde un campo deestamos hacia el otro, y otra que se llama importación que sigue el itinerario contrario.

Y se puede llegar más lejos, a que el instinto desaparezca y la población crea qué gana cuando se le aleja el bife de chorizo porque se va y que pierde si un repollo entra a su sector. La fórmula es tan exitosa para quienes la venden que no será esto una confusión sólo de la gente en general, sino de los economistas, que a ese fenómeno que de económico en sí no tiene nada (aunque tenga consecuencias económicas la irrupción de la autoridad, como la tendría la caída de un meteorito sobre nuestras vacas) le dedicarán ríos de tinta.

En la cancha el equipo Blanco y el Negro miran un tablero y saben cómo va el partido ¿El partido de fútbol? No, otro, el partido que juega la autoridad del equipo Blanco contra la del negro.

Los espectadores se entretienen con eso así como dicen «ganamos» cuando su equipo mete más goles aunque ellos no hayan tocado una pelota en su vida.

Agreguémosle entonces al juego un tablero que mida la cantidad de bifes de chorizo que salen contra la cantidad de repollos que entran. Pero sumémosle la economía monetaria porque si no los espectadores se van a dar cuenta de que no suena razonable festejar la salida de los bifes de chorizo, sino la entrada de los repollos. Y no queremos que nadie se dé cuenta de nada. Entonces mediremos en esa tabla, llamémosle «balanza comercial», cuantas divisas entran y cuántas salen. Para los espectadores será ahora más emocionante ver crecer la cantidad de divisas que entran cada vez que se exportan bifes y las que salen cuando se importan repollos ¡Claro! Estamos mejor cuando tenemos muchas cosas ¿Y qué son las cosas? ¡Plata!

Tener mucha plata es mejor que tener muchos bifes. Pero solo en la medida en que con ella compremos repollos ¿Para qué otra cosa sirve la plata sino para comprar cosas? ¿Entonces tener mucha plata y que eso no signifique conseguir muchas cosas no será inútil?

No se preocupen, jamás se harán esa pregunta. Convirtieron la realidad en un juego. Así como no importa que la victoria del equipo Negro sobre el Blanco tenga otro sentido que la diversión, tampoco interesará si el tablero de la balanza comercial le sirve a alguien para algo, más allá de los titiriteros.

Exportar implica importar. Salen bifes de chorizo y entran divisas. Es decir se importan divisas exportando bifes de chorizo. Y las divisas no nos dan de comer por sí solas. Si con ellas no se pudiera importar algo, no tendrían ningún valor. Es necesario exportarlas para obtener el valor que justifica y convierte en negocio a la exportación.

Aunque el que exporta no use sus divisas las acepta porque tienen valor (y se las puede vender) para otro que importa. Sin el importador, el exportador no tendría beneficio alguno exportando, por más que el tablero del jueguito de la estupidez nacionalista fuera un primor y sonara una chicharra con el «equilibrio de la balanza comercial» y dos con el «superávit».

Si esas divisas son emitidas por otro gobierno encima, el superávit sería de una gran ayuda para financiar el gasto público de ese país, al que en general odian los que aman al tablerito.

Algo tan simple como que lo que se «importa» importa. O que la característica de «importarle» algo alguien es la misma cosa que valorizar lo que se importa.Solo se pierde si se plantan ilusiones de competencias que no existen, si se hace a la gente jugar, se la encasilla, se la convierte en miembros de una nación luchando contra otra.

Capítulo XIX

ELEGIR

Elegimos entre las opciones que existen o hacemos algo para que existan otras. Hacemos evaluaciones de costo beneficio. Las ostras son más ricas que las hamburguesas, pero hamburguesas podemos comprar una docena al lado de una ostra. De manera que no siempre elegimos la ostra, por más motivos que podamos tener para fundamentar la superioridad de la primera.

Pero en política se impone el platonismo más infantil e insensato, esperando de lo colectivo alguna oferta mejor de la que tenemos en el mundo de las transacciones privadas.

Cuando hablo de idealismo, para que no se confunda, aludo al paraíso no disponible. A poner al lado de la manzana y la pera un banquete celestial inexistente, de modo que todo aquel que agarre la pera o la manzana se vea como un tarado al lado del idealista que no tiene el banquete, pero tampoco la pera ni la manzana.

El idealismo político de esperar a que llegue el personaje que al elegirlo hable de lo puros que somos es una forma de depositar esperanzas en la política que no se compadecen con la idea de limitar al poder. Se elige entre lo que hay, cuando se insiste en elegir lo que no hay rechazando lo que hay o evadiendo la situación, se pone por encima de la realidad tal cual es el deseo de preservar una auotestima sin causa, autogenerada bajo un proceso tramposo.

Elegir es arriesgar. Lo que suponemos al calcular la decisión puede demostrarse equivocado. Hay que elegir igual. Si la autoestima dañada no puede soportar eso se sentirá compensada con castillos en el aire que explicitará como sus falsas elecciones para demostrarse que nunca se equivocó.

Se actúa en función de pasar de una situación dada a otra mejor. No a una ideal, como la visión socialista de la revolución industrial. Cuando se renuncia a una alternativa ideal que no existe, no se renuncia a nada, salvo al escape psicológico construido por miedo a elegir con el que se favorecen las peores alternativas.

Si además la autoestima dañada se alimenta de atacar a los que sí eligieron y se equivocaron o no (ella siempre encontrará como demostrar que sí erraron porque lo que obtienen no se parece a su ideal, como hace la izquierda, porque en eso consiste su preservación), entonces el idealista se convierte en un parásito.

Hasta ahora no he visto que nadie que por elegir una manzana se convierta en manzana.

Si hay una trampa en la que se puede caer fácil cuando se sostiene una idea en un ámbito que le es hostil es la de un puritanismo platónicoautoflajelante que actúe como compensación psicológica al fracaso. Buscar la forma de nunca salir hacia afuera en la construcción de un mundo ideal hacia el que se avanza sólo en ese plano psicológico, mientras el aislamiento aumenta y con él el propósito, a la vez que aumenta la seguridad como sentimiento con la sensación superficial, en el fondo muy inquietante, de que el peligro se aleja.

Esto no tiene relación alguna con la consistencia conceptual que pasa por otro carril y nunca es motivo de separación entre «buenos» y «malos» o entre «puros» e «impuros». Es en cambio un mecanismo esclavizante que conduce derecho a la autofagia de los que se ven frustrados o directamente abandonan la meta de salir a «conquistar al mundo». Comer hacia adentro, deshacerse de los impuros es una manera de achicar el universo al pequeño ámbito para verse más grande de lo que se es y construirse, a costa de los demás y con formas más o menos explícitas de violencia, un falso edén vampirizando a los más cercanos para esconder la impotencia para actuar frente a ese mundo hostil.

Subrayé la ausencia de relación con la cuestión de la consistencia conceptual, tratando de hacer consistentes los conceptos, porque los «buenos puros» lo son a costa de encontrar «malos impuros» sin lograr cambio de ninguna clase, atentando inclusive contra los cambios que abran la puerta y devuelvan el contacto con la amenazante realidad. El autoengaño consiste en centrar en alguna real o inventada inconsistencia del otro (la capacidad de encontrarla, inventarla o malinterpretarla es infinita) la razón del conflicto. Pero tal cosa es solo la superficialidad de un proceso que en realidad conduce a la exaltación de los trazos gruesos y por lo tanto a la pobreza intelectual.

El punto es que la filosofía más incompatible con ese juego es la de la libertad individual. Pero no somos sólo seres racionales y también actuamos por impulsos más primitivos. Así como se ha hecho tanto puritanismo con una doctrina de base antipuritana como es el cristianismo, le pasa al liberalismo que se ve paralizado encontrando «herejes» o huyendo de la hoguera, como si fuera otra cosa que lo que es.

La libertad no es una idea platónica. Es algo a ser ejercido, que ocurre fuera de la cueva. Encerrarse en un sótano para hablar de la libertad es como meterse en un frasco en defensa de la respiración.

Capítulo XX

LA TENTACIÓN*

Supimos que el primer día el Creador hizo el universo y nos dio un lugar llamándolo Eden.

Usó los mejores colores en el diseño del cielo, los mares y los bosques. Luego dio vida a las plantas y los animales, desde los más pequeños y simples hasta los más complejos. Dispuso todos los elementos en un equilibrio perfecto.

A cada ser vivo le imprimió instrucciones para proveerse de alimento, reproducirse, nacer, crecer y morir, evitar los peligros, asociarse a sus congéneres, dependiendo de la especie. Las instrucciones pasaban de generación en generación, pero a veces también se ajustaban de acuerdo a los deseos del Creador. Cada elemento era parte de la red que funcionaba en armonía. Los días sucedían a las noches, todo cambiaba, pero nada cambiaba. Cada ser se desarrollaba según ese plan y en algún momento llegaba a su fin para dar inicio a otra vida.

Nuestra especie, los primeros antepasados de los que tenemos noticias, como todos los otros seres vivos, como todas se comportaba según lo establecido. Se alimentaban de los frutos

---

* El siguiente documento es traducción y reconstrucción del que fue enviado por un anónimo al Museo Británico el 7 de marzo de 1982. Los estudios realizados con carbono 14 lo ubican a mediados del siglo II a.C. No se obtuvieron otros datos que pudieran corroborar su contenido. Por razones obvias, jamás fue puesto en conocimiento del público. Tampoco fue registrado y a la fecha el original se encuentra desaparecido, aunque nunca fue denunciada su sustracción.

de los *árboles debidos* y disfrutaban de su existencia con pleno conocimiento de todo lo que debían hacer, hacía dónde ir, cuando descansar y como relacionarse entre ellos y con las otras especies con las que vivían en una perfecta paz. De los frutos de los árboles debidos obtenían los nutrientes para una vida completa y sana y a su vez el conocimiento de lo que necesitaban saber. Ni más ni menos.

Carecían de preocupaciones porque lo que les ocurría era también lo que les debía ocurrir. Convivían con su entorno en un estado de tranquilidad, comprendiendo su mundo tal como el saber que florecía dentro de ellos les indicaba, sin necesidad de esfuerzos ni tensiones. Nada alteraba su devenir, como tampoco el de otros animales y plantas. Eran como el sol y la luna saliendo y escondiéndose en el horizonte cada día.

No se sabe qué extraño designio cambió las cosas para los nuestros al segundo día, pero sus consecuencias siguen produciéndose hasta el día de hoy. Y seguirán, es muy probable, cuando las próximas generaciones conozcan esta historia.

Ella, que no tenía nombre, había estado horas mirando al cielo. Observaba a los animales voladores llamados aves deslizarse por el aire de un lugar a otro. No se transportaban con sus pies sobre la tierra como los demás. Agitaban sus alas y se elevaban, a veces se dejaban llevar por el viento en una danza que se le antojó placentera. *Quiero volar*, dijo.

El, que tampoco tenía nombre, la miró sin comprender cómo ni por qué había dicho semejante cosa que nada tenía que ver con ninguna instrucción. No era dado querer alguna cosa que no se tenía, ni comportarse de un modo no resuelto para la más plena adoración del ser tal como era. Ellos eran como eran y como debían ser. De un modo perturbador esas palabras no eran parte de nada conocido.

Sin tener en cuenta la contrariedad de El, Ella insistió con su deseo de volar y El en un principio intentó persuadirla. Ese deseo, le dijo, no viene con nosotros ni nos ha sido dado por nuestro alimento. Ese deseo no es un deseo, concluyó. Ella supo persuadirlo, con lo que los acontecimientos se precipitaron. Le dijo que volar sería placentero y bello. Sería mejor que caminar, haría de ellos unos seres muy especiales.

La tentación se apoderó de El, que repitió varias veces la palabra «especiales», pero señaló que para poder volar tendrían que dejar de saber lo que sabían. Si sabemos permanecemos pegados al piso y unidos a la fuente que nos dice que somos, qué hacemos, qué queremos, qué vemos, que resuelve las cosas ¿Para qué podríamos querer algo tan inquietante? No tenía respuesta. Pero de algún modo la propuesta de Ella le atraía. *Dejemos de alimentarnos del árbol debido*, propuso Ella. Y lo hicieron. Ese día no se alimentaron.

Fueron invadidos por una sensación que no conocían, que ahora le llamaríamos miedo. Algo que no debía ocurrir había ocurrido. Algo que ahora entendemos como que no debería ocurrir porque en aquellos tiempos lo que debía ocurrir y lo que ocurría eran una única cosa.

Después del miedo el deseo de comer se hizo más fuerte. Sus cuerpos sabían que hacer, pero ellos deseaban más allá del saber. Si no comemos del fruto debido, deberemos pensar qué otra cosa comer. Miraron a su alrededor, recorrieron el bosque en busca de algo que se pareciera a lo que debían comer pero que no fuera la misma cosa. Algo que comieran las aves, eso era lo más adecuado.

Siguieron con la vista el vuelo de un grupo de pájaros azules y negros que se dirigían hacia la pradera. Los vieron picotear el suelo y comer semillas y los imitaron. Fue su alimento durante un tiempo, aunque no parecían tener como efecto el permitirles volar. Sentían necesidad de comer otras cosas y probaron frutos de otros árboles, que no habían sido hechos para ellos. El tomó uno y lo olió. El aroma era agradable y dejó que Ella lo sintiera.

Ella le dio un pequeño mordisco, la sensación fue desconocida, nueva. Lo nuevo era algo nuevo.

Comieron hasta saciarse y se recostaron en el piso a mirar al cielo. Las aves otra vez iban y venían. El alimento no les transmitía ningún tipo de saber. Rieron.

Aquellos hechos se vivieron en todo el Eden como una gran conmoción. Alguien había hecho algo sin saber, algo no previsto ni planificado. Alguien había abandonado el mundo perfecto y quebrantado el compromiso de la vida. Alguien se había puesto en el papel del Creador y había salido del lugar de la existencia plena en el que ser, deber y querer se confundían, para bien de todos.

El y Ella por primera vez entendieron al mundo como algo distinto a ellos, que no les daba respuestas sino preguntas. El y Ella dieron inicio a la condición de nuestra especie como la conocemos hoy.

Aunque ningún otro animal los siguió, todos los seres del Eden experimentaron esa nueva sensación llamada temor. Porque cuando El y Ella dejaron de alimentarse cómo era debido, pudieron los demás entender que las cosas podían ocurrir de un modo inesperado, aunque ellos quisieran seguir unidos al modo en que las cosas debían ser.

El Creador no tardó en hacerse presente. Eso fue al tercer día.

– ¿Qué es lo que estáis haciendo?
– *Queremos volar y para volar tenemos que no saber nada, porque saber nos ha llevado a no poder volar.* Esta vez fue El quien habló por ambos.

– Eso no lo he previsto.
– *Lo sabemos, venía con nosotros reconocerlo y el árbol de los frutos de nuestro conocimiento nos lo decía.*

– ¿Entonces?
– *Pero lo deseamos.*

– ¿Acaso les ha faltado algo? Ustedes son mi obra más perfecta.

– *Lo agradecemos, Creador, pero sólono nos ha faltado nada que tu hayas deseado que necesitemos*

Lo último irritó al Creador.

– Ustedes dos, mis hijos, han quebrantado la ley sin remedio.

Les hizo saber que estarían a partir de entonces perdidos en la incomunicación. Ya no podrían hablarle ni escucharle, pero tampoco lo podrían hacer con ningún otro ser de la creación.

– *Tú que ambicionas deshacerte de los conocimientos, a partir de hoy llevarás el nombre de lo que quieres ser. Te llamarás Nada, le dijo a El. Y tú que lo has tentado con tu deseo de volar, te bautizo Ave, a ver si logras lo que sueñas. Nada y Ave, vuestras ambiciones los han condenado. Ganareis el sustento con el sudor de vuestra frente.*

Nada y Ave pasaron tiempo perdidos en el temor de la ignorancia y el desamparo. Hubo momentos en que se sintieron arrepentidos de su decisión. No podían tampoco pensar en volar, tuvieron que aprender a vivir sin conocer las reglas, ni recibir instrucciones de ningún tipo. A veces enfermaban por comer lo que no les hacía bien. Pensaron en la forma de cubrirse ante el frío y resolver cada uno de los inconvenientes de su supervivencia solitaria. Pero lograron pasar esa primera etapa de desconcierto cuando poco a poco pudieron acumular nuevos conocimientos, distintos a los que les habían sido impresos o transmitidos antes, con los que ya no contaban. Encontraron otras formas de explicarse el mundo en el cual vivían. A veces sus conocimientos dejaban de servirles pero encontraban la manera de conseguir otras explicaciones. También descubrieron muchos nuevos deseos que en ocasiones lograban satisfacer y otras no, pero que hicieron que el de volar quedara postergado. Pero nunca dejaron de sentir en el fondo ese miedo.

Engendraron hijos y los vieron crecer. Los descendientes de Nada y Ave se multiplicaron por varias generaciones naciendo ya separados de la red del Creador.

Hubo un tiempo, al sexto día, en que los descendientes de Nada y Ave ya no sabían si la historia de sus antepasados era real o sólo una fábula. Fue cuando algunos de ellos se pusieron a pensar en que querría de ellos el Creador si estuvieran todavía conectados. Hacían reuniones y debatían durante horas acerca de cómo sería el Creador, si él aprobaría determinadas cosas e inclusive a determinadas personas. Los llamaban los religadores. Buscaban respuestas acerca de lo que debía ser, de acuerdo a lo que creían ver impreso en ellos mismos. Escribían libros, daban consejos, predicaban lo que llamaban las enseñanzas del Creador. Decían que podíamos ser perdonados por el error de Nada y Ave.

No todos eran convencidos por los religadores. Muchos pretendían ver cómo eran las cosas por si mismos. Observaban las plantas, los animales, las personas con las que establecían sus lazos, buscaban leyes que explicaran las lluvias y las sequías, los cambios de temperatura. Mantenían el fuego de la tentación. La sociedad de los descendientes de Nada y Ave se dividió entre los que querían ver y los que querían creer.

En el séptimo día los religadores habían avanzado lo suficiente para prevalecer. Ellos tenían la respuesta al temor, solo se necesitaba confiar en ellos, dejarlos establecer las reglas como antes las había establecido el propio Creador. Fue inevitable castigar de un modo severo a quienes desobedecían. Ese tipo de conducta que había dado inicio a todo el problema. Sobre el final de ese día los religadores se reunieron a debatir asuntos de su credo. Uno de ellos quiso abrir la discusión acerca de los métodos utilizados para lograr lo que debía ser. Su fundamento fue que de acuerdo a la historia conocida de Nada y Ave el Creador, aún siendo contrariado, y aún condenándolos, había dejado que siguieran su camino como lo habían elegido.

Se le hizo ver al objetor que también se estaba apartando de la *Doctrina Correcta,* el Creador estaba esperando que como especie pusiéramos fin por nosotros mismos a los errores. También fue castigado por su bien y el de la comunidad, con gran dolor.

El consejo de *Portadores del Saber,* determinó que la historia de Nada y Ave había sido distorsionada, que les había llegado una versión complaciente con el pecado. Entendieron que la expulsión del Creador había sido provocada por comer Nada y Ave del *Fruto del Árbol Prohibido,* por querer reemplazarlo y hacerse portadores del conocimiento que solo se obtiene por la religación y el contacto con los *Portadores del Saber.* Saber, aclararon, es aceptar las interpretaciones del consejo.

Ordenaron quemar cualquier documento que testimoniara la historia antigua de Nada y Ave. Este relato debo darlo a conocer porque así se me ha exigido. Me lo transmitió mi padre a él por el suyo, en una cadena que no sabemos cuándo se inició. Decidí con mi familia volcarla aquí, no queremos faltar a nuestras promesas pero tampoco parece correcto continuar con lo que a todas luces pareces ser una herejía. Que el Creador perdone a mis antepasados y a los transgresores cuyos nombres, para mayor seguridad, fueron invertidos.

Capítulo XXI

QUEMAR BANDERAS

Me desperté pensando en un acto en un barco en el medio del océano para quemar todas las banderas de la tierra. Denunciar para quién quiera oírlo los crímenes del oscurantismo nacionalista. Ningún gobierno tiene derecho a restringir la migración de personas pacíficas. Ninguna identidad nacional justifica una guerra ni una diferencia en cuanto a reglas de convivencia, ni una mayor o menor consideración.

La patria es el lugar querido, no la nación. Muchos de los espíritus más libres y más confiables han debido abandonar su lugar de nacimiento para sacarse de encima algún yugo. Nos declaramos cerca de los que comparten nuestros valores, lejos de quienes los amenazan aunque hayan nacido al lado nuestro. La patria son nuestros vínculos morales, no la cédula compartida con cuanto malandra sea nuestro vecino.

Rechazamos el falso concepto de «migración ilegal». No puede haber crímenes sin víctimas. El crimen consiste en realidad en condenar a la gente a vivir en un cadalso no elegido porque al nacer se la señaló como al ganado. Son falsos los argumentos que señalan que los inmigrantes amenazan al trabajo. Los inmigrantes solo amenazan a los delincuentes encaramados en el poder o que lo utilizan para parasitar a las personas pacíficas. Se trabaja para demandar trabajo pacífico.

Un trabajador no tiene enemigos, tiene clientes. Un trabajador crea riqueza y demanda riqueza porque antes la ha creado. Un trabajador no empobrece a nadie; solo los asaltantes, los que piden privilegios y los gobiernos que los otorgan empobrecen. Un trabajador que ingresa a un mercado es una bendición para ese mercado. Dejad a los diplomáticos afuera y permitid a los que quieran producir entrar y agradecedles que lo hagan. No hay fuentes de trabajo que deban ser conservadas para los amigos, hay cosas por hacer ilimitadas a la espera de que las podamos realizar.

La migración es un tema privado o no hay libertad. Amenazan al trabajo los que tocan la puerta del cuartel para alentar al gobierno a atacar o privar de su libertad a los que trabajan. Los gobiernos sólo pueden dirigir asuntos públicos o proteger violaciones de derechos. No existe el derecho a que el otro no trabaje para mejorar nuestras oportunidades de ser peores, además de no existir tal amenaza.

No aceptamos la numeración del campo de concentración, ni los colores de la bandera como señal de una barraca más grande. No le debemos nada al país, ni al que se supone «nuestro», ni a otros, ni les pedimos nada. Creemos en los vínculos morales, en colaborar con los que deseen colaborar en paz y respetar. No nos une nada a los salvajes que nos marcan para proclamar que les pertenecemos, ni tenemos que rendirles cuenta a los otros salvajes que miran nuestra marca para hacernos valer su ilegítima frontera. No criamos ni somos criados por otras personas.

Un acto de gente de todos los países, de todos los colores, de todos los idiomas. No pertenecemos a nada ni a nadie, solo elegimos.

Capítulo XXII

EL DERECHO DE ESTADO*

(Law of rule)
Hacia un nuevo movimiento constitucional

> «Todos los hombres son por naturaleza igualmente libres e inde-
> pendientes, y tienen ciertos derechos inherentes, de los cuales,
> cuando entran en un estado de sociedad, no pueden ser privados
> o postergados; expresamente, el gozo de la vida y la libertad,
> junto a los medios para adquirir y poseer propiedades, y la bús-
> queda y obtención de la felicidad y la seguridad».
>
> **Declaración de derechos de Virginia de 1776**

No hay un error en la redacción del título, es la descripción de
dónde se encuentra en la actualidad la praxis constitucional en
esta parte del mundo que concibió la idea de poder limitado.

La ley que impera sobre el Estado hoy es la ley que el propio
Estado crea, por lo tanto solo rige su voluntad. Es la *ley del poder*
y con ella el paso de la idea de Estado de Derecho a la categoría
de ilusión.

En el intento de legalizar al poder político colocándolo como
producto de la ley, las declaraciones que recortan prerrogativas
producen un cambio en la dinámica política bastante extraño. A
medida que el movimiento de conquista de la libertad individual
avanza hasta la Revolución Gloriosa y con su máxima expresión

---

* Mención honorífica, VII Concurso Caminos de la Libertad, México 2012.

en la Norteamericana, el poder se transforma en un servicio de
protección de la libertad. Un monstruo domesticado llamado
Estado. No es el gobierno, sino una estructura permanente, lega-
lizada y democrática porque responde a otra idea que lo legitima
que es la de «bien común» y además es elegido por todos.

El monstruo al que había que quitarle declaraciones y renuncias, con el que había que pactar, se encontró después encorcetado
y para todas las nuevas generaciones esta situación pasó a ser
normal. El poder no es una amenaza ya, sino una entidad omnipresente que si bien cuida unas libertades arduamente conseguidas,
estas ya parecen como algo gratuito e indiscutible que no se puede
perder ¿Para qué más podemos utilizar entonces al monstruo?

Hemos perdido así las prevenciones. El poder es bueno, es
nuestro, es maravilloso. Solo hay que dotarlo de buenos programas ¿Quién tiene las mejores ideas para «gerenciar» al país? Lo
ideal es «que se haga cargo gente que conozca de los más diversos
temas», lo que equivale a dar por supuesto que el poder se puede
utilizar para todo. Esta «amplitud» es de naturaleza autoritaria.
Pero es un autoritarismo banal, ignorante in inconsciente.

El espectro llamado Estado crece. La relación política es otra
completamente diferente a la que existía cuando quién mandaba
era percibido como un problema para el que obedecía. La amenaza se convirtió por la vía de estos cambios en una solución
potencial para cualquier cosa.

Entonces es aquí donde la idea de *Estado de Derecho* o *Rule of
Law* en el derecho anglosajón que tiene un alcance aún mayor,[1]
pierde sus presupuestos.

La ley debía estar por encima del gobierno para que el gobierno se encuentre atado y no pueda actuar sino en defensa de
los derechos individuales.

---

[1] También Supremacía de la Ley, aunque en lo personal prefiero hablar de
Supremacía de la Justicia, dada la devaluación del concepto de ley.

Pero el perro guardián convertido en mascota empieza a ser alimentado y tratado de otra forma. Quienes lo atan parece que están impidiendo la conquista del bienestar que se sustenta de manera inadvertida en el uso de la fuerza de unos sobre otros. Ya no es el poder el arma de uno solo, ahora le pertenece a la mayoría circunstancial y a la minoría que lo ejerce.

El Estado se transforma en un gigante. Determina a cuántos centímetros del piso debe estar un matafuegos y si podemos importar computadoras. Dice qué cosa es saber de medicina y determina si las 7 de la mañana en realidad no son las 8 o las 6. Dice quiénes somos y qué sexo tenemos y qué hacemos cuando se mueren nuestros familiares. Establece si podemos fumar y la composición del combustible de los automóviles. Fiscaliza cuanto colesterol tiene la leche y la hora hasta la que podemos bailar.

Tantas cosas que si parados todavía en la idea original proponemos que la gente se arregle sola en todos esos temas, es recibido como una propuesta de caos.

Allá lejos en el tiempo se había pensado en separar a la religión del estado para que el poder no se sintiera avalado por lo sobrenatural, ni lo sobrenatural convertido en instrumento para saqueos terrenales. Ahora el poder por si mismo es el sobrenatural. Es aquella presencia que se supone está detrás de todas las cosas. Algunas personas sienten que sin la idea de Dios estarían matando a sus vecinos y quedándose con sus mujeres y bienes. No es distinto de lo que piensan de la inexistencia de un Estado castigador y *ultima ratio* general.

La autoridad terrenal provee en la actualidad tranquilidad existencial igual que lo hacía la sobrenatural. Pero es ella el caos mismo, solo que tapado.

Lo curioso es que en el caso de los protectores de aquí abajo, la creencia crece en medio del mayor impulso civilizador que significó el movimiento constitucional clásico. Y a medida que avanza destruye los logros anteriores, sin que el hecho de ver conmueva la fe depositada en ella.

¿Qué falló? Intentaré más adelante sugerir una respuesta, aunque nuestro mayor problema hoy no es reconstruir la exégesis de este problema, sino volver a atar al monstruo.

La primera aclaración a hacer es que la presencia espectral del Estado en el orden relativo en el que vivimos es un mito.

Si tenemos un problema con otra persona, o compartimos con ella un propósito, podemos conversar, buscar una solución, tal vez la encontremos, tal vez no. Puede que consigamos resolverlo de manera parcial o provisoria, a lo mejor sucede que en el ínterin otros han encontrado una manera de superar la cuestión que nos parece útil y la podemos imitar.

Cada problema implica un desafío y altos riesgos. No tenemos idea de si nos irá bien o mal, no conocemos el futuro, contamos con una información parcial de las variables y con una ignorancia absoluta acerca de qué puede cambiar para que nuestros cálculos sean inválidos de un instante para el otro.

Tenemos que tener todo eso en cuenta en la conversación que tenemos con la otra persona en un proceso de colaboración.

Lo que hacemos es recurrir a nuestra facultad racional, que es fruto de la evolución de nuestra especie. Nos dota de una posibilidad de tanteo en búsqueda de un ensayo y error, y la oportunidad de evaluar resultados. Estamos mejor parados que otros organismos que no dudamos en calificar de inferiores porque no tienen la capacidad de improvisar frente al cambio de condiciones que tenemos nosotros. Podemos llamarle a eso libertad.

No somos genios, cuanto más conscientes somos de eso más inteligentes nos volvemos, no menos. Pero como somos individuos y actuamos socialmente multiplicamos por cada uno las experiencias y generamos un orden de conocimiento espontáneo que va mucho más allá de nuestros pequeños y acumulables aciertos que ocurren luego de grandes y aleccionadores errores que como tales también circulan.

Esa es nuestra situación existencial.

Pero la ventaja que tenemos sobre los conejos, se puede convertir en algún momento en un gran vértigo. La libertad genera temor, el desconocimiento del futuro es un problema que el conejo ni se plantea.

Hay dos formas de lidiar con ese vacío. La primera es aceptarlo y sacarle provecho, la otra es obturarlo psicológicamente con alguna voluntad protectora que por encima nuestro nos esté sosteniendo a nosotros y a nuestro mundo.

Encima hemos comprobado que de un día para otro nuestras conclusiones pueden hacerse pedazos. El temor aumenta y el requerimiento del servicio de auxilio encuentra oferentes muy rápido. Una voluntad enorme nos provee la seguridad psicológica que no encontramos en el mundo que nos abruma con indicios todo el tiempo del desconocimiento que tenemos del futuro.

Entonces ya se nos ocurre que aquel problema que teníamos con otra persona o en colaboración con ella podría desaparecer si alguien mejor que nosotros lo dispusiera con una varita mágica. Que en la mitología de la magia haya una varita no es casual, simboliza al poder.

Si teníamos que construir la choza con madera o con piedras, deja de ser nuestro problema para ser de la autoridad que lo va a zanjar de un modo rápido. Madera dice, y respiramos tranquilos porque ya no tenemos que enfrentarnos a la incertidumbre. Lo creemos al menos, porque si la decisión fue o no acertada no lo sabemos, pero como recurrimos a la fuerza más que al conocimiento acumulado o compartido, las oportunidades de acertar son mucho menores.

La autoridad no soluciona los problemas, sólo les pone fin a las discusiones sobre los problemas y los entierra. Claro que a veces no queda otro remedio para al menos para superar las diferencias, pero para los adictos autoritarios esta es la vía para todo y disponible como si no implicara grandes costos. Compramos una paz que se parece a la de un equilibrista que ha consumido algún narcótico.

A veces colocamos la autoridad en el más allá y esperamos que los dioses hagan llover, en vez de pensar en alguna forma de riego artificial. O recurrimos al médico brujo para que nos quite algún demonio en lugar de comer algo más sano.

Otras veces buscamos el sello que acredite que alguien es médico en vez de indagar en sus antecedentes, o pretendemos validar el conocimiento en cualquier aval. Actuamos como si hubiera un motivo para tranquilizarse cuando algún acto o documento es sellado como «oficial». Incluso el aval académico puede obrar como una simple autoridad falaz a veces. O muchas veces.

La autoridad provee una seguridad ficticia, pero psicológicamente se la vive como real. Hablarle de libertad a los esclavos no siempre da frutos.

Esta dualidad entre racionalidad individual y autoridad disciplinadora nos acompaña desde tiempo inmemorial. Y con el desarrollo de las instituciones políticas con posterioridad al primer movimiento constitucional ya podemos dar por comprobado que no la hemos superado. Está metida en nuestra genética, somos el producto de la supervivencia muchas veces de los que han obedecido en un mundo opresor, y no de las mejores cabezas y las más libres.

Nos resultó difícil pensar que el problema iba más allá del rey y del poder como lo conocíamos o de su simbiosis con la religión. Pero ya tenemos elementos como para producir un salto evolutivo en nuestra doctrina constitucional, la de aquellos que pensamos que hay que transferirle todas las oportunidades a la libertad individual y aplacar lo más posible la intervención de la autoridad en nuestra vida.

Sabemos que las declaraciones han sido superadas, que el tamaño del sector público es tal que los incentivos están dados para que la intervención de la autoridad aumente y hasta las mismas declaraciones sean interpretadas de modos opuestos a su sentido o reemplazadas o acompañadas de otras que suponen su negación.

Y además sabemos que en este mundo con tanta seguridad ficticia a pocos les importan estos problemas, los ven como anacrónicos y si no como amenazas a esa endeble seguridad. Los denunciantes del sueño narcótico son aguafiestas.

La causa original de la libertad individual por ahora sigue suponiendo que la situación política a resolver es la de un aparato de gobierno que sojuzga a la gente y que hay que declarar más derechos (o deshacerse de las malas declaraciones) a la vez que mostrarle a las personas los beneficios de vivir en libertad para que se levanten a exigir lo que les pertenece. Pero ya es hora de pensar que ni las declaraciones producen efecto, ni tampoco serán tan populares como pretendemos, porque la gente de las nuevas generaciones se siente servida por el poder, no a su servicio.

Los llamados «derechos políticos» también se han debilitado. Nadie piensa que le va la vida en que exista una cosa llamada «libertad de prensa», asunto de unas empresas que no son nuestras ni tenemos mucha idea de qué hablan. Que los propios interesados no defienden siguiendo algún principio reconocible porque en muchos casos dependen de que el dinero oficial siga gastándose en publicidad. O también se han convencido de que son un servicio público, por lo tanto están en deuda con la sociedad y la sociedad entienden que está representada por el poder político. No parece necesario que se critique al aparato que todo lo soluciona, lo vigila y lo provee.

¿Justicia independiente? Si, hasta cierto punto, pero el gobierno es el gran justiciero, hasta los considerados más conservadores llegan al poder con un programa que pondrá «las cosas en su lugar» y repartirá algo en nombre de la igualdad.

Todo esto nos coloca frente a una realidad política por completo diferente a la de las doctrinas constitucionales tradicionales cuyo desafío se limitaba a la monarquía absoluta. Ahora un nuevo impulso constitucional no estaría dirigido contra un monstruo a domesticar, sino contra ese mismo aparato político percibido como una mascota atada. El enemigo del momento no es la maldad ínsita en el ejercicio de imponerse unos sobre otros, sino la bondad cívica y su paraíso en la tierra. Bondad en el juego de una ética perversa pero que igual produce sus efectos en la relación política.

Los buenos, la FAO,[2] la OMS,[3] los ministerios de bienestar social, de educación, salud, de la igualdad, aquella creación del buenísimo Rodríguez Zapatero que terminó por clausurar el mismo, y cuanta «causa noble» se le ocurra a los políticos que puede obtenerse solo si se usa la autoridad a discreción, en lugar de hacer como proponían los anacrónicos liberales que sugerían que los fierros servían solo para defenderse. Los liberales no quieren amenazar a una empresa de seguro de salud para que ofrezca la cobertura por obesidad, o al vecino de al lado que nos mira mal por nuestra estatura, ni a nuestro empleador que no considera lo valiosos que somos y no nos aumenta el sueldo. Los liberales son gente muy mala porque no entienden todo el bien que se puede hacer con las armas en la mano.

Claro que no ven las armas en la mano. La estatista es una agresión negada, aunque el estatismo es sólo autoritarismo.[4] El

---

[2] Organización de las Naciones Unidas para la Alimentación y la Agricultura.
[3] Organización Mundial de la Salud.
[4] Liberalismo es reducir el uso de la autoridad a situaciones que no encuentran otra solución. Autoritarismo es militar en el uso de la autoridad para solucionarlo todo, sobre todo para proteger a las personas de sus «malos» pensamientos, tendencias y acciones. El Estatismo es una forma de puritanismo en el

Estado se impone y por eso es mirado como el aparato que puede terminar con el riesgo que significa tener que tratar con los demás, dejando librado el resultado a la libertad y los intereses de ellos también.

Sabemos que el resultado de todo esto podría demostrar que el crimen no paga, podríamos también en el plano de la difusión incorporar un trabajo de concientización acerca de la naturaleza moral de esa bondad proveedora. Pero eso no resuelve el problema constitucional que es político. Es el vínculo con el Estado el que debe cambiar y no solo lo que se piensa de él.

Dicho esto paso ahora a esbozar algunas ideas que considero que tienen capacidad disolvente y que permitirían un nuevo proceso constitucional que incorpore la experiencia conocida de cómo resultó el proyecto constitucional original.

Alguna revisión de soluciones que parecían maravillosas pero que no pudieron demostrar sus virtudes para detener el avance del Estado es necesaria. El monstruo maquillado es una criatura que le salió sin querer a la propia doctrina de la legalización del poder.

La batalla entre la política y la libertad se dirime en la realidad de los equilibrios más que en el terreno de las buenas intenciones bien redactadas. Lo que digo no es una crítica fácil epiloguista del pasado filosófico político que le dio un papel al individuo desguarnecido que nunca había tenido en la historia. Es sólo un ajuste de ese pensamiento aprovechando la experiencia que ni siquiera hubiera sido posible sin aquellos errores.

Mi impresión es que si bien es cierto que el llamado «constitucionalismo social» es una justificación del poder que echa por tierra los derechos logrados con el constitucionalismo liberal, el primero creció al amparo de una relación política contra natura en

---

que los sabios nos liberarán de los pecados que han inventado, que son nuestros deseos, iguales a los de ellos.

la que se le cede al poder político una personalidad bienhechora solo porque declara fidelidad eterna a la libertad.

Lo que se logró en materia de libertades fue parcial, mediante una manipulación de sus términos bajo la creencia de que el monstruo que sólo fue levemente mareado, había sido vencido. La palabra «gobierno» en primer lugar dejó de sonar como gobierno.

Gobierno solo puede significar que alguien está sometido y alguien somete. En lugar de deshacer esa idea y terminar con los resortes que le permiten al gobierno gobernar, es decir, someter, se optó por indicarle funciones protectoras. El gobierno sólo somete ahora, en defensa de la libertad individual, lo que dicho así es fácilmente detectado como un oxímoron.

Si estoy en lo cierto un acercamiento más realista al vínculo político y al problema del poder armado permitiría generar un movimiento constitucional más efectivo. Aunque ni siquiera sea definitivo, aunque tal vez dentro de algunas generaciones haya que volver a empezar capitalizando los errores que ahora cometamos.

La legalización del Estado es como un monstruo al que se le lavó el cerebro para transformarlo en mascota. Pero sigue teniendo los brazos fuertes, sigue siendo más alto que todos nosotros y está mejor armado. Así que el dispositivo estaba ahí, para el momento en que las doctrinas cambiaran y se le ocurriera a tanta gente buena a qué aplicarlo.

El monstruo ahora ocupa el lugar de Atlas sosteniendo al mundo. Si decimos que nunca debió dejarse sobrevivir la idea de gobierno como rémora del despotismo, la percepción será que la alternativa es el caos, porque nunca se discutió el punto.

Las personas que interactúan elaboran normas de manera permanente, en la relación con el lector de este trabajo hay supuesta una cantidad infinita de normas y eso que jamás nos pusimos de acuerdo en ninguna y no tenemos nada que agradecerle a un gobierno por eso. No hay nada parecido a un caos porque no exista un mandamás. El mandamás es la evasión psicológica de la incertidumbre, no del caos.

Si la doctrina constitucional tradicional supone que el poder es una forma organizada de defensa, entonces eso no debe llamarse gobierno. Administración podría ser, como acostumbran llamarle los norteamericanos al poder ejecutivo, o como se prefiera, pero la idea de mando obediencia conduce a pensar que la vida sin ese vínculo no es posible. Caldo de cultivo para el estado omnipresente buenista.

Si el dispositivo gobierno está intacto aunque se lo haya educado y se le hubieran inculcado valores que lo niegan, eso sería nada más que tener una bomba enterrada con la etiqueta que dijera algo como «alimento para pollos» o cualquier otra. Todo su potencial estaría intacto para el momento en que ese aparato tomara consciencia de lo que puede hacer.

Sería mejor pensar en desarmar el artefacto y no solo hablarle y tratarlo de otra forma. Debilitar al poder y no solo declarar que se lo debilita. Deshacernos de algunos conceptos como el de gobierno, y otros que comentaré a continuación y redimensionar al monstruo hasta un nivel en el que no pueda ser una amenaza para las gentes pacíficas. Con la aclaración de que estas ideas son provisorias, porque soy consciente de que la política es dinámica y de que por ahora no puedo imaginar cómo esa tendencia tan humana como la de pensar, que es la de imponerse sobre los otros hará para acabar con esta nueva agenda y transformarla otra vez en tan ilusoria como son nuestras apelaciones actuales a principios en desuso.

Lo que sigue es un pequeño esbozo de un cambio de enfoque. Como para empezar a explorar esta cuestión desde una perspectiva diferente. Acostumbrados como estamos a pensar en cómo vender una idea, éstas por cierto no estarían en el ranking por el momento de ningún estudio de marketing. Pero la política no es un mercado de ideas, es un mercado de seducciones e imposiciones. Es un

marco de relaciones, no de opiniones. Y el derecho constitucional
no basta con que esté acertado, también debe servir.

Por poner un ejemplo en el conocido cuento del rey desnudo
que popularizó el danés Hans Christian Andersen, aunque no
se sabe si fue de verdad su autor, se cuenta que un rey recibe la
visita de un sastre que le promete elaborarle trajes con los mejores
materiales, de una calidad tal que sólo las personas muy inteligentes podrían ver. Atrapado en su narcicismo el rey sucumbe a
la oferta y paga por la elaboración de su vestuario. El sastre era
un estafador. Cuando pretende mostrar al rey los vestidos con-
feccionados en realidad no tenía nada, pero como el rey pensaba
que no ver la ropa podía ser consecuencia de no estar entre los
inteligentes capaces de verla, simuló estar encantado. Se vistió
con nada, es decir quedó desnudo y pagó un alto precio por un
falso servicio. Los miembros de su corte tampoco admitían verlo
desnudo porque implicaría admitir su falta de inteligencia. Un día
el rey paseaba por las calles del reino y un niño gritó «el rey está
desnudo», rompiendo el efecto del engaño general.

No es que la idea de la desnudez del rey fuera una gran idea,
de hecho como elaboración intelectual era mucho más sofisticado
el engaño del sastre. Pero esta idea simple tenía un efecto en el
vínculo entre el rey y sus espectadores. Más que capacidad de
convicción tenía capacidad de develación de algo que estaba mal.

Si el niño hubiera recurrido a una agencia de marketing moderna, le hubieran aconsejado que se adaptara en lugar de hablar, porque eso hubiera significado asumir los menores riesgos posibles.

Los puntos de discusión que planteo se considerarán amena-
zantes en la misma medida en que ponen en riesgo el *statu quo*
Derecho del Estado.

Como lo señala Alberto Benegas Lynch (h) en su artículo *Montesquieu, Hayek y federalismo extremo*[5] «No podemos vivir simplemente

---

[5] *El Diario de América* (EE.UU.) 6 de enero de 2010.

con recuerdos de pasados gloriosos sino que debemos agudizar el ingenio y proponer medidas concretas para abandonar la mediocridad». Siguiendo esa misma línea, este es mi aporte para despertar ese ingenio.

Discutir la idea de legitimidad de origen, la nacionalidad o los impuestos provocará fuertes reacciones al salirse del ámbito de la discusión intelectual para pasar al de la propuesta política. Y convencer sobre estos puntos puede ser tan difícil como de cualquiera de la agenda liberal habitual. Pero el sólo hecho de ponerlos en discusión es una forma de desnudar al rey, de demostrar que el supuesto orden insoslayable, el Atlas invencible que todo lo prevé, no es tal. Es decir, son ideas que tienen efectos políticos antes de imponerse por completo.

No son propuestas para explicar qué es lo que está mal, sino para servir de base para un nuevo programa constitucional. El deseo es conmover los paradigmas más arraigados en la oportunidad adecuada, porque el aparato público en su dimensión actual se empieza a ver como inviable.

Mientras los colectivistas están pensando en como seguir tergiversando el propósito constitucional, podemos retomar la ofensiva en otros frentes. Porque así como la relación constitucional no es otra cosa que política, la política no es otra cosa que lucha.

El título del mando: la legitimidad

Gobernar es mandar. Legítimo es aquello que es conforme a la ley.[6] Pero ley no es sencillamente la decisión política emanada de la autoridad política, de otro modo estaríamos ante un

---

[6] En el ajuste de defectos de un sistema fuera de su doctrina original, se ha diferenciado lo «legítimo» de lo «legal». Porque algo podría ser legal aunque no legítimo. En un Estado de Derecho lo legal y lo legítimo son la misma y única cosa.

razonamiento circular. Sería legítimo lo que deriva de la ley y ley sería lo que decide la autoridad legítima.

Este es en gran parte el galimatías en el que se esconden verdaderas dictaduras, mientras sus víctimas tratan de explicarlas con sus viejos manuales.

Ningún gobierno es legítimo, ni el Estado por añadidura en tanto tal.

Una constitución tampoco es un contrato social que de origen a una organización política. La organización política existe y pacta con una sociedad que la soporta. Pero el pacto no convalida la relación mando obediencia.

Ni siquiera cuando Hans Kelsen elaboró su pirámide jurídica pretendía *justificar, legitimar* a la ley, sino hacer un estudio del derecho a partir de su existencia como un *hecho*. Se limitaba a decir que la materia Derecho era ese estudio, y que la justificación se encontraba fuera de su campo.

Sin embargo en el mundo del positivismo jurídico al que dio lugar su esquema parece estar justificado por si mismo. Que se renuncie a la justificación para el estudio del Derecho es una cosa, y que no exista o no importe es otra. El derecho positivo así entendido no está justificado, porque en primer lugar ni siquiera pretende estar justificado. El positivismo por lo tanto no compite con el iusnaturalismo, al menos no como fue originalmente expresado.

El gobierno colocado como una derivación de la norma constitucional, y considerado legítimo comparte el mismo problema. Podríamos preguntarnos en seguida ¿y qué justifica a la norma constitucional? Kelsen lo resuelve con el acto revolucionario, es decir el *facto* político que origina toda la estructura posterior. Pero tal cosa no es una justificación.

El acto revolucionario sigue siendo una tentativa mitológica de comprometer a los que han de obedecer en el acto de ser conquistados como en un contrato social.

Si partimos del principio de la libertad individual el gobierno constitucional es consecuencia de una entente, no de un acto creador ni legitimador.

El pensamiento político ha tenido que elaborar teorías acerca de alguna decisión divina que avale al gobierno, o recurrir a la ficción contractualista, pero en ningún caso logra legitimar al gobierno.

Gobierno legítimo quiere decir que alguien tiene el derecho de mandar. Alguien posee en base a algún estándar el atributo del mando. Pero en una organización política basada en la libertad el mando de una persona sobre otra sólo puede aceptarse por la vía contractual que no existe en el ámbito político. Gobernar es un acto de agresión.

Excede el ámbito de este trabajo la crítica al contractualismo, pero éste no pasa más allá que del terreno de la suposición igual de cerrado y circular que el positivismo cuando pretende competir con el iusnaturalismo. Aún así, si el contrato hubiera sido el origen del Estado, por definición tal acuerdo sólo sería válido entre las partes. No habría justificación para pasárselo a las nuevas generaciones, ni a los inmigrantes. No habría justificación para tomarlo como imposible de rescindir y debiera admitirse como un principio del derecho la excepción de inclumplimiento. Es decir la posibilidad de una parte de desembarazarse del compromiso si la otra incumple.

La rescisión injustificada también debería permitirse. Las obligaciones de hacer, se resuelven sin posibilidad de imponer su cumplimiento coactivo porque tal cosa afecta la libertad personal. Corresponde reemplazar la prestación a costa del incumplidor o establecer un resarcimiento que estará en relación al daño efectivamente causado.

El gobierno entonces nunca es legítimo en su origen, es un hecho.

Ahora bien, que el gobierno en su nacimiento no se encuentre en el terreno de lo fáctico no implica que está justificado por si mismo, sino lo opuesto. Como tal no está justificado nunca. Pueden en cambio justificarse sus acciones, algo por completo diferente.

El gobierno es una irrupción, como nosotros lo somos como individuos. Existimos, estamos, no tenemos que justificarnos en nuestra existencia, sino en lo que hacemos. Nada hace que nuestros actos sean justos por emanar de nosotros porque emanemos a su vez de un acto de unción. Las acciones que emprendemos y solo tienen consecuencias sobre nosotros son siempre legítimas, y el mismo principio podría aplicarse al gobierno, pero esas no serían actos de gobierno.

Al gobierno no es diferente a las personas. Está ahí, dice ser el que manda y haciendo un análisis político podemos aceptarlo como una realidad. Desde la perspectiva de la filosofía de la libertad nos preguntaremos si sus acciones son defensivas u ofensivas, si inician o responden al inicio de la fuerza para saber si cada una de ellas está dentro o fuera de la Ley.

No es distinto justificar a un gobierno que hacerlo con una persona en particular. Los actos son justos o injustos (elijo el estándar expresado sobre el uso de la fuerza) y no hay ninguna otra legitimidad que vaya más allá de la dilucidación de esta cuestión.

Los gobiernos existen, son una realidad política insoslayable hasta el momento. A la filosofía política liberal sólo le interesa qué es lo que esos gobiernos hacen, si protegen la libertad están justificados sólo hasta dónde la protejan. El proyecto liberal es siempre ampliar el ámbito de libertad individual a costa del poder de la organización política o de los delincuentes callejeros. No puede haber una cosa a la que se le llame «gobierno liberal».

¿La democracia legitima a un gobierno? No veo qué cosa tenga en particular una democracia diferente que otra forma de dar origen a un gobierno. La democracia, ni el número de los votos importan más a estos efectos, los comicios no son un pacto de sometimiento.

La democracia incluso es más incompatible con la justificación por si mismo del gobierno que el cuento del mandato celestial. El razonamiento sería que la gente debe soportar al gobierno porque la misma gente lo formó ¿Por qué razón se encontraría menos legitimada a deshacerse de lo que ella misma hizo de lo que estaría obligada a padecerlo si fuera producto de un orden superior?

Si lo legítimo es aquello conforme a ese principio la única legitimidad que podría mostrar un gobierno es la de ejercicio. Se justifica en el actuar, como las personas, las empresas, las asociaciones de cualquier tipo.

Hasta un gobierno extranjero podría ser más legítimo que el local al actuar invadiendo el territorio bajo dominio de otro que tiene sometida a su población. Podría no quiere decir que lo está porque si o simplemente porque invoca comandar a un ejército liberador. Lo mismo sucede el gobierno que los inmigrantes eligen al compararlo con el que les tocó en suerte.

Algo muy distinto es la relación de liderazgo que en cambio si puede considerarse legítima, en tanto supone la existencia de un vínculo libre entre el líder y sus seguidores que lo obedecen. No hay en el liderazgo una relación de fuerza como con un gobierno sino una aceptación del mando del líder que dura tanto como el liderazgo. Se rompe cuando la voluntad de seguir al líder desaparece. El líder deja de ser tal una vez que se impone a lo bruto sobre sus seguidores, para pasar a ser un simple gobernante o amo.

Es curioso que a ciertos dictadores a los que incomoda llamar por su nombre dado que se los toma con un cierto halo de benignidad y tampoco se puede utilizar algún cargo que ejerzan como es el caso de Fidel Castro, se los denomine como «líderes» cuando es claro que no lo son, ni siquiera de los miembros del partido dominante que adhieren como precio para ganar privilegios.

El liderazgo es una relación sana que aporta beneficios a un grupo sin sacrificio de nadie. Gobierno es una relación no elegida, un padecimiento que se aguanta sólo porque cuando es más barato aceptarlo que levantarse contra él. Requiere de manera habitual el sacrificio del gobernado en su proyecto de vida y en su dignidad.

El liberalismo por lo tanto sólo puede tener con los gobiernos una relación de tolerancia, nunca de justificación. Están en la realidad política y el desafío es tornarlos lo más inofensivos posibles, sin que eso signifique que haya que crear una norma bajo la cual como tales se encuentren justificados. Esa tolerancia permite trabajar con la realidad política, pero no santifica nada. Hay un cálculo político que pude estar equivocado o no y será la materia de análisis diario. Tolerar a un gobierno implica soportar una situación de obediencia, algo que ninguna persona le debe a otra como no sea bajo una forma contractual revocable.

Habrá una evaluación de las circunstancias y de alternativas. Mi elección es que un gobierno debiera tolerarse, en beneficio propio de quién lo padece, en la medida en que no sea más barato sacárselo de encima. La misma regla que podría aplicarse a cualquier situación de fuerza.

La gran pregunta para nosotros es por lo tanto, cuándo es legítimo aceptar la existencia y acciones de un gobierno.

Un gobierno se abarata en la medida en que reduce el ejercicio del mando al mínimo indispensable para mantenerse como tal y aumenta sus acciones legítimas. Esto es las acciones en las que ejerce la fuerza para proteger derechos, de manera defensiva. Las mismas acciones que podría ejercer cualquier particular, con la ventaja para el gobierno de que posee los recursos para llevarlas a cabo de forma más regular.

Lo mismo es decir que un gobierno se legitima en la medida en que se acerca a la noción de liderazgo y se aleja de la de gobierno, mientras ejerce acciones defensivas y en base a reglas que sean iguales para todos los gobernados. Entonces su legitimación obrará de un modo general.

Para poner un ejemplo de una acción de mando no legítima pero perfectamente tolerable, tomemos el caso de las reglas de tránsito. No hay forma de establecer un título bajo el cual un gobierno puede determinar las normas a la que los conductores tienen que atenerse ¿Pero cuál es el costo de aceptarlo frente al costo de desconocerlo? Las reglas de tránsito funcionan como acto de gobierno en la medida en que sean racionales, no porque sean legítimas, sino porque son útiles y lo que se cede es ínfimo en relación con lo que se obtiene siguiéndolas.

Aceptemos también que la vida en libertad no depende de la vigencia de una perfecta justicia. La existencia del gobierno en sí es una muestra de esto. En nuestra vida diaria cedemos derechos todo el tiempo, aún considerándonos bien libres y viviendo en sociedades avanzadas y respetuosas. Nos aguantamos pequeños incumplimientos, impuntualidades, inexactitudes y negligencias de manera rutinaria, y evitamos discusiones y disputas salvo cuando el costo de hacerlo es mayor al de enfrentar un conflicto.

No es que esta tolerancia actúe en detrimento de la perfecta justicia, en realidad es lo más cerca que podemos estar de ella y si forzáramos la situación para buscar más de lo posible comprometeríamos lo que si estamos en condiciones de alcanzar.

La imposibilidad de hacer pequeñas renuncias estratégicas no nos dejaría vivir, pero a veces por un idealismo trascendentalita no es que se avanza hacia el ideal sino que ajustan las expectativas a un ideal falso bajo el cual esas renuncias se vean como autoafirmaciones. Se mantiene el rigor ético pero de una ética nueva en la que el la defección parezca rigor. De esa operación viene la idea de legitimidad original del gobierno. Como parece que todo tiene que estar éticamente justificado, entonces decimos que hay gobierno porque hay algo bueno en eso y no porque hemos sido vencidos.

Como si frente al asaltante no dijéramos que hemos cedido, sino que hay una relación de proveedor cliente en base a alguna noción jurídica que podamos inventar.

El gobierno ocupa ese lugar, el de las realidades que dejamos pasar porque asumir el costo de enfrentarlas implicaría perder más cosas, incluso mayor tiempo y libertad, que dejarlas pasar. Pero no porque se justifiquen éticamente, sino solo porque nos superan.

El temor a que alguna fuerza más arbitraria termine por imponerse también es un peso en la balanza general. En su origen sin embargo, el gobierno es tan legítimo como las impuntualidades, los incumplimientos, las inexactitudes y las negligencias. Debemos apostar por un sistema político que mantenga esa ecuación vigente por contener los incentivos para eso. El nuevo derecho constitucional no debe caer en la justificación de aquello que tiene la misión de vencer.

Son los gobiernos los que buscan teorías sobre la legitimación, los que requieren justificarse para aumentar de modo artificial el nivel de tolerancia hacia ellos de los gobernados. No es en interés de la población, ni siquiera de la mayoría, que existen las teorías de la legitimación original.

Lo hacen porque aumentar el nivel de tolerancia, asimilar la relación de gobierno (la inexactitud, el error, los incumplimientos, las impuntualidades) a un *derecho* que convierta al que manda en *dueño de mandar* permite ejercer la arbitrariedad, reducir las acciones defensivas y aumentar los vínculos de mando.

¿Dónde queda entonces desde el punto de vista de la libertad individual la idea de la democracia como legitimadora, o una versión reducida y tergiversada de ella que es la regla de la mayoría? Pues en el terreno de la mitología, de las expresiones de fe, como una forma más de justificar por qué alguien debería obedecer como no sea para sacar un provecho directo y elegido, es decir por qué alguien debería entregar en todo o en parte su libertad.

Ya la escuela del Public Choice ha desmentido la supuesta búsqueda del bien común inherente al Estado al demostrar que los incentivos también en una democracia colocan a los gobernantes al servicio de si mismos. Tal cosa no hubiera sido necesaria si antes no se hubiera construido un dispositivo cerrado y esclavizante a través de la noción de legitimidad de origen.

Tal vez parezca perder coherencia un esquema constitucional en el que el gobierno sea aceptado si no se lo puede justificar. Pero es al revés, cada vez que usamos la palabra libertad la usamos contra el gobierno, en consecuencia no es el papel de una constitución el legitimarlo, sino únicamente detenerlo. Esa tensión debe asumirse y estar presente en la vida constitucional, no esconderse.

La naturaleza antiliberal del Poder Legislativo

El aporte importante de la edad media al desarrollo de la libertad, cita Hayek, es la comprensión en sus inicios de que «el Estado no puede crear o hacer la ley, y desde luego menos aún abolirla o derogarla, porque ello significaría abolir la justicia misma; sería un absurdo, un pecado y una rebelión contra Dios, que es quien crea dicha ley»[7] El gobierno debía respetarla tal como existía pero fue en ese período en que esa concepción se fue diluyendo hasta aceptarse el sistema de legislación creada de forma deliberada, sin el cual, absolutismo mediante, se piensa que el mundo desaparecería tal y como lo conocemos.

---

[7] Cita de Hayek en el capítulo XI de *Los Fundamentos de la Libertad*. Cfr. O. VOSSLER. «Studien ªzur Eklärung der Menschenrechte». Historische Zeitschrift, CXLII, 1930, p. 512; también F. KERN. *Kingship and Law in the Middle Ages*, traducido por S.B. Chrimes, Oxford 1939; E. JENKS. Law and Politics in the Middle Ages, Londres 1898, pp. 24-25; C.H. McILwAIN. *The High Court of Parliament and its Supremacy*. Yale University Press, 1910; J.N. FIGGIS. *The Divine Right of Kings*. 2.ª ed., Cambridge 1914; CH. V. LANGLOIS. *Le Règne de Philippe III*, Le Hardi, París 1887, p. 285; Y para una corrección que alcanza hasta la alta Edad Media, véase T.F.T. PLUCKNETT. *Statutes and their Interpretation in the First Hall 01 the Fourteenth Century*, Cambridge 1922, y *Legislation of Edwards 1*, Oxford 1949. Sobre la totalidad del tema, véase ahora J.W. GOUGH. *Fundamental Law in English Constitutional History*, Oxford 1955.

Inglaterra fue el país que más se mantuvo dentro de ese camino siguiendo la tradición del *common law*, por eso dio inicio a la mayor corriente de libertad general para el común de la gente que se haya conocido.

Desde un punto de vista liberal la idea de un poder del estado cuya misión sea regular la actividad privada es inaceptable. Si bien el origen del los parlamentos no estaba vinculado a una supuesta necesidad de regular las relaciones de los individuos sino sólo y exclusivamente la actividad estatal, hoy se acepta como un orden inevitable sin el cuál ningún orden sería posible, que unos representantes políticos se encargan de todas las materias que tienen que ver con la vida de las personas, desde los contratos, a los plazos, los criterios de nulidad, los matrimonios, las herencias. Nada queda fuera de la materia legislativa, por lo tanto toda libertad es únicamente falta de voluntad de intervenir por parte del poder legislativo. No existe un ámbito jurídico que se considere privado de verdad y por tanto exento de la intervención de la autoridad política.

Convertir a la voluntad política en fuente de la ley es igual que establecer el absolutismo en nombre del estado de derecho. Significa una directa anulación del estado de derecho como tal y la consagración del derecho del estado, que es la idea contraria. De hecho fue el absolutismo el que se empeñó en destruir todo vestigio de supremacía de la ley.

Algunas constituciones de la corriente original hacen grandes declaraciones de derechos y a continuación habilitan a su poder legislativo a dictar códigos civiles, comerciales o de cualquier otro tipo, con lo que borran todo el efecto de aquellas declaraciones.[8]

---

[8] Sobre el punto véase la crítica de Juan Bautista Alberdi a la sanción del Código Civil en la República Argentina, por ser una forma de obturar y destruir el desarrollo de instituciones civiles.

No hay forma en que la legislación sobre el comercio respete a la libertad de comercio. No se puede dictar la ley de lo que hay que decir en nombre de la libertad de expresión.

El derecho privado, es privado, su creación no compete a ningún órgano político sino al desarrollo de las relaciones que ocurren sin intervención política, es decir sin imposiciones, mediante acuerdos voluntarios y decisiones razonadas y acumuladas de quienes dirimen conflictos, como ha sido en su origen y desarrollo el verdadero derecho privado anterior a la codificación. Después las recopilaciones se tomaron como si fueran la fuente, y más adelante la autoridad que las confeccionaba como quién los legitimaba.[9]

Se trata de un enorme equívoco que lleva luego a pensar en un sistema republicano en el que habrá un poder con la capacidad de regularlo todo, con la aclaración en las constituciones liberales de que toda regulación tiene que regular que no hay regulación.

Para el nuevo movimiento constitucional sólo debería existir un poder parlamentario que regule los asuntos del gobierno, sin autoridad sobre el sector privado, a menos que se estén protegiendo libertades, pero nunca con el criterio de qué es lo mejor para las personas que intervienen o que cree la autoridad que es lo más correcto desde una ética propia. El parlamento dicta reglas hacia adentro del aparato político. Representan políticamente a los votantes dentro del estado, no es tutor civil, por lo tanto actúa en su defensa del representado frente al poder. Un representante no defiende al representado de si mismo.

La aceptación del concepto de poder legislativo crea la relación paternal Estado/Individuo frente a la que cualquier declaración se torna ilusoria y el Estado de Derecho no pasa de ser un juego de palabras.

[9] Para una comprensión del problema de la legislación y el verdadero sentido de Ley, véase *La Libertad y La Ley*, de Bruno Leoni

La regla general para saber si existe el Estado de Derecho sería que nada le esté permitido al poder político que le esté prohibido a un particular. Cualquier acto de defensa es legítimo sea quién sea quién lo ejerza, sea en propio beneficio o de un tercero. El gobierno sería apenas una organización que concentra la fuerza, y dejo para otra discusión si la monopoliza o no.

La nacionalidad es un sello de esclavitud

Si nos guía la idea de Estado de Derecho, un gobierno sometido a la ley y con funciones defensivas ¿qué papel cumple la nacionalidad?

La nacionalidad es el imperio del gobierno sobre sus súbditos, una etiqueta que se opone a la idea de la libertad individual. Los individuos no son de un país, no le pertenecen a un país.

Como la idea de legitimidad original, la nación como lugar de nacimiento que nos somete a determinado gobierno y nos ata a determinado territorio con su sistema de regulación de las relaciones privadas es una verdadera jaula física e intelectual.

El nacimiento es un hecho que nada tiene que ver con la política y que ningún efecto político debería tener.

Cómo participan las personas en las decisiones del aparato político es otra cuestión. Esas son reglas que la propia organización política establece para si y en la medida en que sea legítima en sus actos, ninguna pérdida le puede causar a una persona que no se le permita participar en ella. Y si ha de violar derechos, ninguna ganancia le reportaría ser parte.

Los viajes, los domicilios, los lugares de radicación de una persona no tienen por qué encontrarse bajo la autoridad de un gobierno, si es que este gobierno actúa de modo defensivo.

Un inmigrante no agrede, por lo tanto no puede ser estorbado ni castigado por ninguna razón. Si de alguna menara violara derechos entonces debería ser reprendido pero no en tanto inmigrante sino en tanto criminal.

Al igual que en el caso de la legislación, el planteo despierta todo tipo de temores, que no son sino la muestra del enjaulamiento. En un caso se imagina que no habría ley sin el estado creando la ley y en de la nacionalidad que la libre inmigración acumularía una gran masa de población en los mejores países y los arruinaría.

Lo que distingue a los mejores y los peores países es justamente la legitimidad (vuelvo a aclarar por si acaso, en el actuar) de sus gobiernos. Que tan apegados a la ley están esos países.

El temor está en el ingreso de la inmigración y las consecuencias económicas que podría tener. La fantasía es que los inmigrantes «quitan trabajo» a los nativos. Temor que aparece cuando como consecuencia de malas políticas se genera algo tan artificial como la desocupación y que empieza a explicarse que es una consecuencia de los «extranjeros». Como formas modernas de impulsos primitivos, buscando en los extraños el motivo de enojo de los dioses.

El trabajo no es algo que deba ser fomentado ni cuidado, basta con que no sea atacado, pero de verdad por la fuerza y no por un competidor. Un competidor no es un agresor. Imaginemos si consideráramos que podemos defender a los trompazos cualquier derrota en una conquista amorosa. Un competidor es alguien que por definición nos ha ganado en todo caso en paz, dentro de la ley. El agresor es el que llama al gendarme para que resuelva por las armas lo que se ha perdido en el terreno limpio de juego.

No hace falta «defender al trabajo» porque es nada más que un medio al que se recurre para satisfacer necesidades, no es un bien en si mismo. El faltante de «fuentes de trabajo» es consecuencia sólo de alguna intervención en los precios u otro impedimento político, porque salvo en el paraíso no puede nunca faltar qué hacer. Y en ese caso la desocupación sería pura y simplemente una gran noticia.

El inmigrante es para una economía un recurso nuevo. Es decir suma al bienestar del resto. Un inmigrante trabaja para tener recursos que le permitan comprar indirectamente el trabajo de otros. De manera que produce y a su vez demanda producción. Su mejor aporte lo hace cuando produce y no cuando demanda producción, pero un dispositivo educativo nacionalista ha preparado a generaciones enteras para aceptar concepciones económicas que invierten los valores con el único fin de abaratar el sometimiento. Entonces aclarar que el inmigrante también consume y demanda trabajo resulta ser tranquilizador.

El inmigrante abarata el recurso trabajo, pero también abarata la producción. Esto es los bienes y servicios a disposición de la población que hay a cambio de ese trabajo. La inmigración suma, no resta.

Los fantasmas son un elemento importante de manipulación política. El Imperio del Estado es un gran creador de fantasmas y el del inmigrante es el mayor y el más difundido.

Desatar las herejías

En el proceso de legalización del poder ajustando las expectativas se cuela la idea de que los gobiernos formados mediante el voto requieren que las masas sean educadas. La concepción proviene de otra tradición, cuando gobernar era una actividad reservada a las élites. Si a partir de un punto el gobierno se populariza y es formado por las personas más comunes, será necesario que sepan todo lo que sabían los pocos que habían hasta entonces conducido a las masas ignorantes.

Sin embargo la democracia no está basada en que la gente en general tenga tanto nivel intelectual como los nobles. Del mismo modo que el derecho a poseer cualquier bien no está vinculado a los conocimientos del dueño en comparación con algún otro que pretenda desapoderarlo, sino al modo pacífico en que se obtuvo.

No tendría por qué ser necesario un conocimiento especial para votar, sino un compromiso de buena fe en el pacto que está implícito en el hecho de elegir al gobierno. Como todos somos participantes del juego, debemos excluir la posibilidad de formar un gobierno para que actúe en contra de algunos de nosotros. Los gobiernos de facción no son gobiernos democráticos y violan el compromiso implícito en el hecho de votar. Nadie vota para elegir a su verdugo.

Para proteger derechos los gobiernos no deben estar formados por sabios ni ser elegidos por sabios. Los gobiernos son organizaciones que se imponen, no enseñan porque va contra su naturaleza.

Ahora, si tenemos consciencia de qué cosa es de verdad ese gobierno elegido, el delegarle la facultad de educar implica revertir el principio civilizador que estaba detrás de la intención original.

Ninguna persona que haya logrado aprender si lo piensa un poco puede admitir que exista «una educación» que «deba darse». Lo que hay que conocer es un problema tan o más imposible de resolver de manera centralizada como qué hay que comprar, vender o qué cantidad.

Contestar de manera uniforme a la pregunta de qué hay que conocer es un error en sí y una muy mala enseñanza. No hay libros sagrados, ni materias insoslayables. Lo que entendemos como el conocimiento que nos hace falta es producto de un largo proceso evolutivo. No es la consecuencia de un programa bien diseñado que a lo sumo copia lo que ya se hizo y lo establece como obligación para que ya no pueda continuar evolucionando.

Sólo puede centralizarse un adoctrinamiento, los dogmas que requiere el Estado para su supervivencia y expansión, los héroes que se deben venerar y los valores a los que someterse. El proceso educativo centralizado nada tiene que ver con la posibilidad de dotar de conocimientos útiles a los educandos, sino con sembrar alguna forma de pertenencia y sometimiento con poco o nulo lugar a las diferencias.

Y si hay dogmas obligatorios no hay más remedio que tener herejes y apostasías. Cosas que no se deben pensar, preguntas que no se deben hacer, diferencias que no se pueden tener.

El sistema puede formar un buen gerente para una organización que nunca discuta con el poder. Pero buenos ciudadanos sólo saldrán de ahí por casualidad, por ineficiencias de la organización o la historia personal del individuo que lo coloque en una posición de rebeldía.

¿A qué le llamo buen ciudadano? Debería abrirse una discusión interminable sobre el punto y como no nos podríamos poner de acuerdo, razón de más para evitar la centralización, la intervención de la autoridad que hace como que los problemas no existen es lo único que se ofrece para resolverlo. De cualquier modo le llamo buen ciudadano al que se ocupa en lo que le toca de que el gobierno se mantenga dentro de los límites de la legitimidad.

La materia geografía existe después de que existe el estudio de la geografía porque un proceso disperso y espontáneo llevó a las personas a aprenderla. Cuando la autoridad política dispone que debe estudiarse geografía lleva a cabo el mismo acto destructor del conocimiento que realizó antes con el derecho.

Autoridad y conocimiento son incompatibles. La autoridad da la sensación de que hay un conocimiento que se sabe que se tiene que tener, para evitar el vacío de una fuente menos concreta, dispersa, sin gurúes ni guías definitivos.

Resumiendo, es falso que una democracia dependa de la buena educación de los ciudadanos, es falso que se pueda disponer qué cosa es educación. Las democracias se han arruinado con la educación, no contra ella.

Se me podrá responder que parece evidente que los niños que salen de la escuela están mejor preparados para la vida que los que nunca han entrado. Pero esa comparación es equivocada a mi juicio. Sería como comparar la existencia de un Código Civil dispuesto por el gobierno con la ley de la selva.

¿Pero quién ha dicho que la alternativa al Código Civil es la ley de la selva, si justamente el Código Civil es la consecuencia del proceso libre de creación de normas tomado como propio por la autoridad política? Nuestra propia idea de lo que es o no es una selva proviene de nuestro costado pacífico, anterior al Estado e independiente del Estado. La «no selva» es esa parte en la que nadie se impone y todo se acuerda. En las sociedades organizadas lo más cercano a la selva es la autoridad política.

Porque estamos mal educados aceptamos la educación unificada y obligatoria. Y no importa si esa educación centralizada y obligatoria tiene un contenido mejor o peor, incluso más o menos liberal, porque incluso es en la tradición liberal clásica donde se sale esto de educar a los ciudadanos.

El sólo hecho de la aceptación de la autoridad para la provisión de conocimientos transmite un criterio de individuos sometidos criados y súbditos que pueden ser adoctrinados. Ese punto insoslayable hace que el individuo aprenda geografía y desaprenda la ética de la paz y la colaboración como debería manejarse en esa vida que se le quiere resolver.

Es imposible que un aparato político no transmita los valores de su propia supervivencia ¿En alguna escuela se enseñan los derechos del contribuyente? ¿Se forma a los ciudadanos para que sepan controlar los gastos del estado y cuando escuchen los discursos con promesas puedan detectar cómo se las harán pagar? Eso no es un defecto del sistema, es su principal virtud. No una virtud que opera en favor del interés general, sino del propio del aparato propietario de la noción de «educación».

Podemos encontrar indicios de que el adelanto tecnológico ha abaratado a tal punto la auto-organización y el proceso espontáneo de las relaciones pacíficas, que es fácil imaginar en lo inmediato una educación completa y satisfactoria, absolutamente diversificada y cerca de gratuita de diversas formas en internet.

Lo que demuestra que ningún grandote con un palo necesitamos para hacernos colaboradores, creativos y con ganas de enseñar y aprender. Cualquier persona que sabe hacer algo, que conoce una materia, la expone con una cámara digital y la sube a algún sitio como Youtube. Y lo hace a diferencia de antes porque sus costos se han reducido de un modo dramático, aún cuando otro proveedor gratuito de intenciones adoctrinadoras sigue siendo estando omnipresente.

Impuestos o libertad

Si el Estado es todo es de imaginar la sensación de colapso del universo que para casi todos puede sobrevenir a una propuesta que ponga en duda la posibilidad de financiarlo mediante violaciones de derechos. Porque eso es un impuesto.

El Estado le quita a la gente lo que necesita para llevar adelante sus programas. Y sin el Estado parece que no habría Ley, ni Educación, ni Seguridad y haríamos todo tipo de cosas horripilantes, por eso es que una idea como esta suena tan amenazante.

Pero bajemos a la tierra. El hecho de que el Estado viva tranquilo como nadie más en cuanto a que no importa lo que haga igual jamás le faltará dinero, es una prueba de que el Imperio de la Ley es una simple oda a la irrealidad. Porque el Estado no es como nosotros, no está sometido a las mismas reglas.

Peor cuando el dinero de todas formas no le alcance, lo que siempre le sobrará es ese falso derecho de quedarse con bienes y servicios que no le pertenecen ¿Qué clase de equilibrio político nos deja esto como para construir a partir de ahí un Estado de Derecho?

Que sean los representantes políticos los que autoricen los gastos y los impuestos no nos resuelve el problema, porque también son los representantes políticos los que gastan, cobran y autorizan los impuestos.

Mi propuesta desde el vamos era encontrar la manera de legitimar lo que hace el gobierno, no relativizando el concepto de legitimación, sino a través de los actos legítimos del aparato político. En ese sentido el financiamiento mediante impuestos barre con toda posibilidad de legitimidad.

Podríamos retomar el viejo debate que proponía por ejemplo Auberon Herbert (1838-1906) quién hablaba de «impuestos voluntarios», o más acá Ayn Rand.

No usaría la palabra impuestos porque lleva implícito el principio opuesto a la voluntariedad. Pero si hablaría de un gobierno financiado con los aportes que consiga convencer a la gente de hacer mostrándole lo que tendría para ganar.

La primera respuesta sería que el Estado desaparecería, y con él el universo que depende de su existencia. Sin embargo estamos rodeados de causas llevadas a cabo mediante colaboración sin contraprestación dineraria, y de aportes voluntarios a los propósitos más diversos, en dinero y en otros recursos. Los clubes, las sociedades de beneficencia, los voluntarios ante cualquier cataclismo, los aportes de conocimiento suministrados a internet. Ninguno piensa en una supuesta racionalidad económica en la que el problema sea no beneficiar a los *free riders*. O las razones no son tan razonables o esa racionalidad no es tal.

Lo cierto es que la autoridad termina con la colaboración, no la inicia ni la representa. El Estado voluntario tendría que ser un lugar en el que prestigie participar porque se origina en un pacto moral y no en un crimen.

Lo que no sería posible seguro sería el financiamiento de este Estado como lo conocemos. Y no habría incentivos para promover programas disparatados o subsidios a cualquier cosa, porque cada aportante debería ser convencido del beneficio de su aporte. Como los que pagarían serían productores pacíficos, serían sus valores los que prevalecerían.

El impuesto es el punto ciego de un gran sistema perverso. Por eso es tratado como «contribución» lo que no lo es. La voluntariedad en el financiamiento colocaría al gobierno legítimo bajo las reglas del mercado.

Secesión y federalismo

Por último y sin agotar esta lista que es apenas una enunciación inicial, es importante destacar el derecho a la secesión, es decir la facultad de formar nuevas unidades políticas que se desprendan de las que ya existen contando con la voluntad de los interesados.

La unidad política menor debería tener preeminencia sobre la mayor. Las fronteras no tendrían por qué ser definitivas y el acto de separarse de un estado mayor no implica violencia ni violación de derechos.

El mayor incentivo para la arbitrariedad es la puerta cerrada. La existencia de un «recurso gente» a disposición irrevocable de una organización política.

Esto es válido respecto de cualquiera de los puntos anteriores pero en el caso de la secesión es específico. El tamaño de la unidad política debe ser determinado por el mercado, esto es por las preferencias de los individuos considerando los costos y beneficios. El hecho de una parte del territorio pueda desmembrarse es un fuerte incentivo para reemplazar la arbitrariedad por la seducción, por reducir los actos de gobierno y aumentar los de defensa.

Es probable que si el principio de la secesión se extendiera los sistemas políticos deriven hacia formas de federalismo extremo. El tamaño quedaría determinado por varios factores. Sería de una forma bastante cercana a las preferencias reales de los individuos en términos de sus decisiones concretas.

En esas unidades políticas pequeñas habría información suficiente sobre los actos del gobierno y sus virtudes administrativas. Sería difícil que pudieran construir una épica nacionalista narcotizante que sirviera para tapar la arbitrariedad.

Podrían adoptarse sin mayores riesgos formas de democracia directa, no como método de legitimación, sino como forma de control que a gran escala ya sabemos que no funciona como se espera que lo haga en defensa de la libertad en su versión representativa.

En gobiernos de ese tipo que fueran apreciablemente inofensivos para los derechos individuales y resultaran útiles, no habría incentivos para plantearse el problema de su origen.

EN POCAS PALABRAS

- Precio es la tasa a la que una transacción ocurre sin violencia
- El que no tiene cerebro no tiene corazón, tenga 20 o 40.
- No es bueno que se decida sobre dilemas morales cruciales en base a economizar criticas. Y si son criticas de un adversario inmoral peor.
- Si aceptás que hay algo por encima tuyo que te ilusiona y por lo tanto te desilusiona, tu indignación te somete del modo menos digno.
- La corrupción es un tema menor en la Argentina, lo agobiante es la ausencia casi total de honestidad.
- Difícil que los gobiernos renuncien a su guerra contra las drogas, a sus presupuestos para esas guerras y a su posición pseudo-paternal.
- ¿Cómo puede ser que los gobiernos le pregunten a la gente de dónde sacó la plata, cuando ellos se sabe que la obtuvieron por la fuerza?
- Nada corrompió tanto al poder político como la idea de civilizarlo con el concepto de «estado».
- Lamento informar que la Constitución no es hija de ningún buenismo cívico.
- La ética no estaba acá antes que nosotros, ni estará después.
- No es insolito que un banco te pregunte el origen de tu dinero y no tenga que explicar el origen del credito que inventa?
- La corrupcion es el mercado negro etico de los platonicos.
- Que desequilibrio general es la idea del equilibrio general.
- ¿Cuando vamos a tirar el muro de las fronteras?

— Entre otros nefastos efectos de los documentos de identidad.
  está que se crea que el estado otorga sexos o tiene algo que
  decir al respecto.

— Cada vez es más común encontrar países en los que se trabaja
  en negro y se roba en blanco.

— Solo puede ser moral algo que no sea meramente natural.

— Discutir es una acto de confianza.

EN LA MISMA COLECCIÓN

VOL. 7: LA METODOLOGÍA DEL ANÁLISIS ECONÓMICO
Y OTROS ENSAYOS
Julio H. Cole
192 páginas
ISBN: 978-84-7209-403-1

VOL. 8: LA FIGURA EMPRESARIAL EN EL PENSAMIENTO
ECONÓMICO
[Una aproximación histórica]
María Clara D. Pérez Vila
144 páginas
ISBN: 978-84-7209-441-3

VOL. 9: EL PUNTO SOBRE LA *i*
[Ideas en torno a la libertad individual, la responsabilidad personal
y la propiedad privada]
Arturo Damm Arnal
236 páginas
ISBN: 978-84-7209-556-4

VOL. 10: LA TRAGEDIA DEL EURO
Philipp Bagus
236 páginas
ISBN: 978-84-7209-566-3

VOL. 11: SENTIDO LIBERAL
[El urgente sendero de la Libertad]
Héctor Ñaupari
220 páginas
ISBN: 978-84-7209-566-3

VOL. 12: MEDITACIONES PARA MEDITAR
Alberto Benegas Lynch (h)
496 páginas
ISBN: 978-84-7209-584-7

Para más información,
véase nuestra página web
www.unioneditorial.es

Made in the USA
Las Vegas, NV
19 March 2022